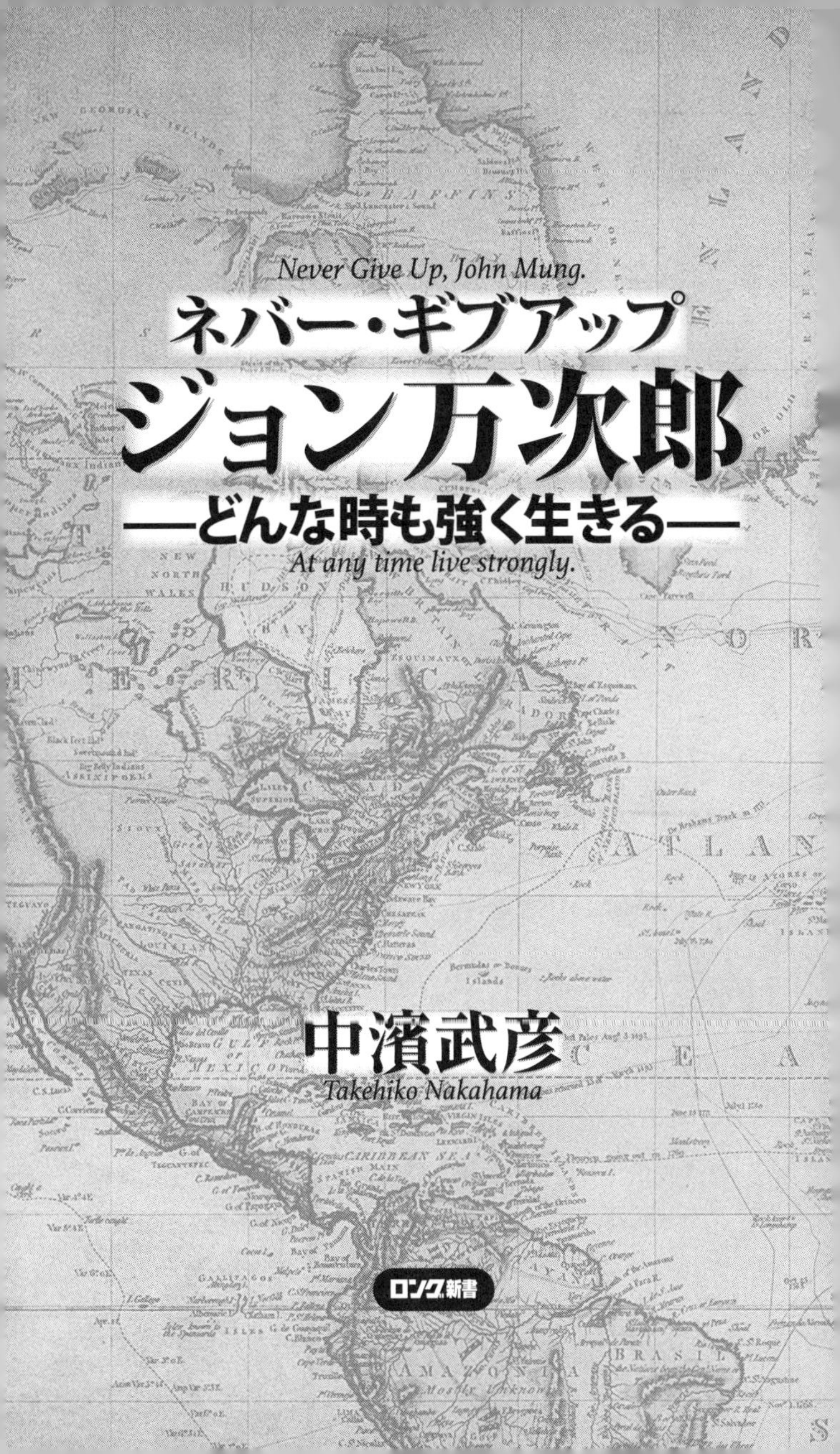

Never Give Up, John Mung.

ネバー・ギブアップ
ジョン万次郎
―どんな時も強く生きる―

At any time live strongly.

中濱武彦

Takehiko Nakahama

ロング新書

はじめに——**諦めずに、生き抜くことの素晴らしさを読み取ってほしい**

四国、高知県の最南端、足摺岬《あしずりみさき》の丘陵に、自らを「ジョン万次郎」(John Mungero ＝一八六〇年三月二日付手紙の自筆サイン)と名乗った男の銅像が、紺碧の太平洋のはるか彼方、アメリカ大陸をじっと見つめるように建っています。

そのいでたちは、開成学校(現在の東京大学)の英語教授時代を模したものと言われています。

羽織・袴の和服姿で、左手には英語の辞書ではなく、コンパスと三角定規がしっかりと握りしめられているのです。それらの品は、帆船による大航海時代に船の位置を測定し、海図に航路を記録していく大切な道具でした。まさに、「ジョン万次郎」を象徴する品物なのです。

万次郎の人生は、実に波乱に満ちたものでした。

一四歳の時、初漁に出た土佐沖で嵐に遭遇します。しかも、四、五年に一回程度しか現れないという黒潮の大蛇行に乗せられ、七日間もの漂流をした末に、たどり着いたのは南海の孤島でした。

この無人島での一四三日間にも及ぶサバイバル生活、そしてアメリカの捕鯨船との運命的な出会いによって、一命は奇跡的に救われました。

貧しい漁師の家に生まれた少年は、単身、未知の国アメリカにわたりました。そして、船長はじめ多くのアメリカ市民の善意と愛情に支えられ、自主独立と自由の大切さを学び、民主・平等社会で貴重な体験をし、高等数学・航海術等を学んだ青春時代がありました。

万次郎は鎖国下の日本へ命がけの帰国をします。

そこで伝えたかったこととは……。

彼が日本にもたらした外国の「情報」は、黒船騒動で揺れる幕府首脳が、事の処理を誤ることなく的確な判断を下す根拠となりました。

日本は「無血開国」に踏み切ることができたのです。

貧しい漁師の少年が、一生懸命に学んだ先進文化や体験は、世界へ通用する常識・知識として、封建社会から明治維新へと、鎖国政策から国際社会へと船出をしていく日本人の基礎知識となりました。

彼のもたらした文化・思想は、黎明期にあった日本の、多くの若者の心を熱く叩いたのです。

坂本龍馬、後藤象二郎、岩崎弥太郎、板垣退助と、最も封建意識の強かった土佐藩から自由民権思想が燃え上がったのは、注目すべき事象と言えるでしょう。

万次郎の伝えた思想は、福沢諭吉、新島穣ら教育者に、大山巌、榎本武揚ら政治家へと引き継がれていきました。

ノリタケの創業者や生命保険会社など実業の社会へも、その知識が伝えられました。

私はその万次郎の直系の曾孫にあたりますが、曾祖父の生涯をたどると、波乱万丈だった彼の人生は、実に美しい人間愛の物語にも彩られていました。

また、「ネバー・ギブ・アップ（never give up＝決して諦めてはいけない）」は、曾祖父、万次郎の固い信念でもあったのです。強い精神力で「よくぞ生き抜いた」と思われる状況に直面したことが、数多くありました。

その度に、「何故だ。どうして…」と自らが考えて、率先して行動することで「強運」を運んできてもいるのです。

また、いかなる逆境下でも諦めずに闘志で向き合い、懸命にチャレンジしていくことによって、自然と道が拓けてもきているのです。

捕鯨航海では、高度な操船技術で仲間の信頼を得、勇気と冒険の数々を体験してきました……。

この物語を読むことによって、錯綜した現代に生きる皆さん方が、人の生命の尊さと同時に困難に立ち向かう勇気、決して諦めない強い信念、友情の大切さ、そして何よりも「生きることの素晴らしさ」を感じ取っていただければと切に願っています。

また、お子様をお持ちの方々には、お子様の長所を見抜き、愛し、信ずることで、大きく成長していくのだということを、ご理解いただければ、筆者としてこれ以上の喜びはありません。

中濱　武彦

目　次

第2章　アメリカへ

第3章　日本への思い

第1章 出漁そして漂流

ジョン万筆「無人島東西之図」

生まれ故郷、中浜で父に鍛えられた子供時代

「どうして大人たちは、こうも分からんちんばかりなんだ！」

どんな時にも、明るく勝気な万次郎が、めずらしく大きな声を出してグチっています。

小さな家です。隣の部屋にいた兄、時蔵の耳に、その声が届かないはずがありません。

「万さん、おまえさんばかりに苦労をかけてすまんのう」

「あんちゃん、『さん』付けだけはやめておくれよ。兄貴なんじゃけん、『万次郎』と呼びつけでいいきに」

兄の時蔵は生まれながらに身体が弱く、家の中で静かに過ごしていることが多く、何事にも活発に外を飛び回る万次郎とは、性格も行動もまるっきり正反対でした。

村の衆は、兄の時蔵を何かとけなします。でも、万次郎は体力では劣るとも、頭がよく弟や姉妹に優しい兄が大好きでした。ですから、兄貴らしく自信を持って接して欲しかったのです。

万次郎が生まれた家は、四国の足摺岬から六キロほど西北に上ったところ、現在の高知

県土佐清水市中浜《なかのはま》にありました。

父の悦助は腕の良い漁師で、母の汐が裏山の畑を耕し、半農半漁で生計をたてていました。裕福とはいえませんが、この地方ではごく普通の暮らしむきでした。

せきと志んという姉が二人に、兄の時蔵、万次郎そして妹の梅の七人家族、万次郎は名前のとおり次男坊です。

村では、仲がいいのが評判の一家でした。

万次郎が生まれたのは文政一〇年一月一日（一八二七年一月二三日）と言われています。

この地を治める土佐藩では、漁師の子は漁師、大工の子は大工とそれぞれが、生まれた時から父親の家業を引き継ぐように定められていました。

武士にも上士と郷士《ごうし》とがあり、郷士の身分ではお城への登城さえ許されませんでした。上士である役人が村々を巡視に来る時などは、村人は地面に土下座をさせられ、役人の顔を見ることさえ許されなかったのです。

このように万次郎の生まれた中浜は、封建時代の日本でも、とりわけ身分制度の厳しい土地柄でした。

困ったことに長男の時蔵は、生まれた時から身体が弱く、漁師を継いで土佐沖の荒波と闘う仕事には、とても耐えられそうにありません。しかし、次男の万次郎は病気ひとつせず、明朗、快活な性格でした。

「自分の跡取りは次男坊の万次郎にしか、つとまるまい」と父親の悦助は考えていたので、一家の期待も万次郎に注がれていました。

そこで父の悦助は、幼い万次郎にさまざまなことを教えたのです。海で泳がせ、砂浜では相撲の相手をし、丈夫な足腰と困難に立ち向かう負けじ魂を鍛えました。また、独楽まわし・凧《たこ》上げ・磯釣りなどの遊びをする際にも、ただ漫然とするのではなく、どうしたら誰よりもうまくできるかを、よく考えてやるようにと教えました。

「いいか万次郎、独楽をまわす時は、どのようにしたら独楽がよくまわる紐がなえるか、を考えろ。凧を揚げる時は、雲の色・形から風の吹く方向や強さを見極めるんじゃ。凧を高く、高く揚げることだ。魚がよく釣れる大潮の日とお月様の大きさなども関係があるんだぞ」と、何事もよく考えて行動するようにしつけたのです。

海に出れば、瞬時の判断や創意・工夫が何より大切で、それが命にもかかわってくるからです。魚網や綱の編み方、紐のない方、雲の色や風、潮読みの仕方、月と大潮の読み方、全てが漁師としての基本能力として大切なものばかりなのでした。

近在の子供たちと釣りに出掛けた時、万次郎は潮の満ち引きを見はからってウキ下の長さを調整し、餌を付け替えるなどの工夫を凝らし、手ぶらで帰ってきたことは、めったになかったと言い伝えられています。

こうして、父は遊びを通して、漁師に必要な知識を教え、体を鍛えてくれたのでした。

創意工夫とアイディア豊かな万次郎

この浜では頑強な身体で鳴らした父の悦助でしたが、ある日、まったく突然に亡くなってしまいました。

その日、昼食を食べた後、悦助は「チョッピリ気分が悪いけん、少し寝るぜよ」と言って、めずらしく床に入ったきり、再び目を覚ますことはありませんでした。

万次郎が満七歳の時のことです。

「おっ父は天国に昇ったけん。これからは空からみんなをジーッと見守っておるきに、みんなして力を合せ頑張らなあかん」

母親の汐が家族に告げました。

それからは、兄弟姉妹が力を合せて働きましたが、生活は日一日と苦しくなっていくばかりです。幼い万次郎も家計を助けるために懸命に働き出しました。

土佐の掟《おきて》では、「一五歳（満一四歳）にならなければ漁師として海に出てはならない」と定められていました。身体が人一倍丈夫な万次郎には辛い掟です。

そこで、庄屋の家をはじめとして、近所の家に出向いては、魚網の繕《つくろ》い、小間使い、子守り、米つき、薪《まき》割り、草取り…自分にできることは何でもやりました。

しかし、どうも歯車が上手くかみ合わないのです。やることなすことにケチをつけられ怒られるのです。

ある夏の暑い日のことでした。この日は子守りを頼まれていました。南国土佐の夏です。おぶっている背中は汗だらけ、子供がむずかって泣きやみません。

そこで、魚網とおんぶ紐でハンモックのようなものをこしらえて、船と船の日陰に渡し、子供を乗せてユラユラと揺すりますと、泣いていた子供もすぐにスヤスヤと眠りはじめました。

その間に万次郎は、海にザンブと飛び込んで汗を流したのです。ところが、浜に上がってきたところを、村で一番の「おしゃべり婆さん」と言われているおきく婆さんに見られてしまったのです。もう村中に知れ渡るのに、時間はかかりませんでした。

また、「米搗《つ》き」をしていてひらめいたのは、浜で拾ってきた丸石を最初に米に混ぜあわせ、ある程度こねてから石を取除いて搗くと、精米のスピードがとてもあがることでした。これはとても能率的なやり方でした。

「これは大発見だ！」、万次郎自身は得意になっていました。

ある日、米搗きをしていて、丸石を取り出しているところを、庄屋の旦那に見られてしまいました。庄屋の旦那は、

「クズ米ができる。二度とやってはいかんぞ！」と怒鳴ります。

でも、石臼《いしうす》に入れてつき棒で搗くのですから、ある程度のクズ米が出てしまうのは、あたりまえのことです。

「どの程度の差があるのだろうか、もう一度ためしてみよう」

丸石を入れているところを、また旦那に見つかってしまったのです。

どうにか米を搗き終えて、わずかなお給金をもらえはしましたが、さんざんに叱られ、

「手抜きをする小僧だ。今度したら仕事はさせんぞ！」と怒鳴られ、お給金をポイッと投げて寄こしたのです。

万次郎のせっかくの創意工夫やアイディアは「手抜き」「横着な小僧」と評判になり、

村中に広まってしまったのです。

「どうして大人たちは、オイラの話も聞かんで駄目だ、駄目だ、ああしろ、こうしろと怒鳴るのだろう」

つい口にした言葉を兄の時蔵に聞かれてしまいました。身体の弱い兄貴が、弟に気兼ねをしていることを十分承知の万次郎です。二度と人前でグチは言うまいと誓うのでした。

そこに母親が野良仕事から帰ってきました。

「おっ母さん、庄屋の旦那からもらった給金だ。少ないけんど何かの足しにしておくれ」

すると母親は、いつもするように、きれいに手を洗い清めてから、万次郎の差し出す給金を受け取ると仏壇に供えるのです。

「あんたさん、万次郎がよく働いて助けてくれていますよ。ナンマイダ、ナンマイダ」

泣いて報告をするのです。その姿を見ると、万次郎は改めて誓うのでした。

「どんなに辛いことがあっても、オイラは頑張るぞ！」

浜に出てみると、ちょうど秋の夕日が、真っ赤に燃えながら、竜串の岬に沈んでいくところでした。

青空と濃紺色、紅色の空、その深く澄んだ色がなんときれいなことか……。

「おっ父！」大声で呼んでみました。

すると一番星の横を、スーッと星がひとつ流れていったのです。

確かに、おっ父に聞こえたんじゃなかろうか……。

父の温もりを思い出すような暖かい砂を握りながら、耳にする波の音は、

「頑張れよ、万次郎。空からいつも応援しているきにな！」

おっ父の声のように、低く、太く響いて聞こえたのです。


もうじきに、正月がきます。

万次郎は元旦に一五歳、晴れて「かしき」という漁師見習いとして海に出られます。

地縁・血縁の色濃い漁師社会のことですから、父の悦助が働いていた中浜の「網元」のところに行くものと、村の衆の誰もがそう思っていました。

ところが、母の汐は違いました。伝手《つて》を頼って、宇佐浦（高知県土佐市宇佐浦）の網元を選んだのです。中浜からなんと一〇〇キロも離れた遠い土地です。

「あの子にはハナがある。妙な噂の届いていないマッサラな土地から、大人社会に送り出してやりたい」

愛するわが子の言動を信じる母心だったに違いありません。母には旧習にとらわれない決断力があったのです。

じつは、万次郎が村を出た後、「石を入れての米搗き」は、村の衆の多くが真似たといわれています。その石臼は中浜の丘の上、万次郎が昭和三年（一九二八年）一一月に「正五位」を贈られたのを記念して建立された碑の前に、現在も苔むしたまま置かれています。

初めての出漁で遭難

天保一二年一月五日（一八四一年一月二七日）は、土佐の正月明けの初漁開港日でした。浦々からは、大漁旗を華やかになびかせて、われ先にと漁場を目指す船が力いっぱい櫓《ろ》を漕いでいきます。

万次郎は「かしき」という漁師見習いとして船に乗り、飯炊き兼釣れた魚をはえ縄から外す役目となりました。船は八メートルほどの二丁櫓《ろ》です。

万次郎以外は宇佐浦の漁師四人が乗り込み、船出しました。船頭は筆之丞（三七歳）、漁労長が重助で（二四歳）、櫓方に寅右衛門（二六歳）と五右衛門（一五歳）の合計五人。

寅右衛門以外の三人は兄弟でした。

万次郎はテキパキと動く四人の動きを、胸を躍らせながら観察し続けていました。

「一日も早く一人前の漁師にならねば…」という気持がそうさせていたのです。

ところが、船出した初日、二日とまったく魚は釣れませんでした。やっと鯵《あじ》の大群に出会えたのは、三日目の午前中のことでした。

一同が張り切って漁をしていると、午前一〇時頃から風が強まり、雲ゆきがあやしくなってきたので、いったんは漁を中止し、引き上げ作業に入ったのです。ところが、まもなく風がピタリとおさまったのです。

「初漁じゃけん、ぎょうさん持ち帰ろうぜ」

今度も大漁でした。

しかし、正午過ぎになって、空は一天にわかにかき曇り、暴風雨へと急変したのです。地元の漁師が「アナゼ」と呼んで恐れる風向きです。四国山脈の北西方向から、ものすごい勢いで吹きおろしてくる突風で、これに襲われたらひとたまりもありません。

もう漁どころではありません。あわてて、はえ縄を引き上げましたが、船が風と波で揺れ動き、思うように引き上げることができません。

「網をブッタ切れ！　グズグズせんとすぐに切るんだ。はようせい！　はように！」

船頭の筆之丞は、大事な網を切り捨てる決断をし、大声でみなに怒鳴りました。網を捨て、全員が必死で岸に向かって漕ぎ出したのですが、強風と大波にもまれて、櫓は折られ、逆に沖へ沖へと、ものすごい速さで引っ張られていくのです。

つい先ほどまで周囲に見えていた仲間の漁船の群れは、一隻も見えなくなっていました。

「いかんぜよ、こいつは黒瀬川（黒潮のこと）に乗ったようじゃ！」

船頭の筆之丞が叫ぶ声さえ、風に飛ばされてよく聞き取れません。日本列島の太平洋岸には、常時黒潮が流れています。本来ならば日本列島に沿うように、北東方向に向かって流れているのですが、四、五年に一度、南東の方向に大きく蛇行することがあるのです。

万次郎たちの乗った船は「アナゼ」の影響をまともに受けたために、その黒潮の大蛇行に乗ってしまったのでした。船は何もしないのに南東へ南東へと流されていきます。

なんとか、鯨漁のための「見張り小屋」に発見されて、助けの船を出してもらえないか、というわずかな望みも、陸地ははるか遠くに霞んで、眺めることさえできませんでした。

翌日もまたその翌日も、氷雨と強風が吹き荒れ、波は逆巻き、いっこうにおさまる気配がありません。一同は寒さに震え、話す言葉にも歯がガチガチと鳴る音が混じるほどのありさまでした。船出した時は、三日程度の漁をする計画だったので、積み込んだのも三日分の食料と飲料水だけでした。

漂流して三日以上がたち、身体を温めるために、船底の板を引っ剥がし、最後の米と雨水で「おかゆ」をつくり、釣り上げてあった鯵をおかずにして食べました。

これが最後の食事となりそうです。もうすっかり食べつくしていたので「かしき」係りの万次郎には、やる仕事はありません。

流されても、流されても茫々と広がる海原で、陸地どころか一羽の鳥さえ見かけない日が続きました。万次郎は呆然とし、自然の力、海の恐ろしさを悟るのでした。

運を天にまかせて無人島まで決死の泳ぎ

漂流して七日目、もう飲み水も食料も尽きはてた時のことです。船頭の筆之丞が、空中を高く舞う鳥を見て叫びました。

「あの島は〝藤九郎〟（アホウドリ）のようじゃ。近くに島があるかも知れん。みんなして、よぉーく見張れや！」

一同は、前後左右を、目を皿のようにして、眺め回しました。すると南東方向の洋上に、小さな島影のようなものを目にしたのです。絶望の底で見つけた一縷《いちる》の望みに、一同は俄然、はりきりました。

疲れた身体に鞭打ち、帆を上げ、二つに折れた櫓、船底板を使い、懸命に島へ向かって漕ぎ出したのです。

だんだんと近づいてきた島影の上に、おびただしい数の鳥が、乱舞するのが見られます。

「人が住んでいるかもしれんぞ！　しっかり漕がんかい！」

みんな自然と、力が漲《みなぎ》ってきたようです。船を近づけますと、溶岩が固まったゴツゴツした岩が、島をグルリと要塞のように取り巻き、どこもかしこも急勾配な崖になっていて、船を寄せつけません。

周囲も暗くなってきましたので、島から二〇〇メートルほどのところに錨《いかり》を下ろし、日が昇ってから上陸することにしました。

待ちに待った東の空が白んできました。

昨日、目をつけておいた、この島で船をどうにか着岸できそうな場所へと回し、力を合わせ岸に着けようとしました。ところが、波が高々と船を持ち上げて島に近づけたと思うと、引く力は倍以上に強く、元の位置よりもさらに沖へと押し戻されてしまいます。

何度もチャレンジしましたが、力尽きて五人とも船底にへたり込んでしまいました。そのとき、万次郎は、この船に乗った自分の役割が、「かしき」という調理係りであることに気づきました。

「そうだ、みんな腹が空いて、力が出せないにちがいない」

そう思うと、すぐに船底に捨ててあった腐りかけの雑魚を餌にして、釣りをしてみました。

まったくアタリがなかったので、どんどんと海底近くまで下げてみました。するとググッと大きな引きです。これは大物と思い引き上げますと、途中でファーッと布がついているような感じなのです。「何だろう」今まで体験したことがない感触なので、疑心暗鬼の気持ちで引き上げてみました。

すると、「アカバ」（アカハタ）という磯魚が釣れたのです。

タナがわかると、後はもう入れ食い状態、瞬く間に五、六匹を釣り上げました。

「万次郎、おまんさぁーなかなかやるじゃねいか」

めずらしく船頭さんが褒めてくれました。すぐに調理し、みんなで腹ごしらえをしたのです。この数日、雨水以外口にしていなかったこともあり、「これはウマイ、実にウマイ！」と皆大喜びでガツガツと食べました。お腹に食物が入ったので、いくらか元気を取り戻したようです。

そこで、船頭の筆之丞は、決意を皆に伝えました。

「みんなよく聞けや。これから大波をつかんで、この船をあの磯に突っ込ませるきに。運がよけりゃ浜まで行けようが、いかんせん大きな岩が多すぎる。激突する前に、まんずは己さの事のみを考えて、海さ飛び込んで陸地さ目指せ。力の限り懸命に泳ぐんだ、わかったな！」

そして、幾度か波を見送っていましたが、「今だ、行くぜよ。突っ込め！」

船は波に乗り、猛スピードで疾走しました。寅右衛門、五右衛門、万次郎の三人が、頃合いを見計らって飛び込みました。これに続いて、筆之丞と重助が飛び込もうとした瞬間でした。次の大波に大きく持ち上げられた船は、大きな岩礁に激突し、二人は船もろともに吹き飛ばされ、荒海に投げ出されてしまったのです。

万次郎は懸命に泳ぎました。無我夢中とはこのような時のことを言うのでしょう。

気がついた時には、荒磯《ありそ》の間にできた猫の額ほどの砂浜に横たわっていたのです。ヨロヨロと起き上がり、周囲を見回してみました。

無人島でのサバイバル生活

一人、二人と立ち上がりだしました。ところが、海岸の波打ち近くに、突っ伏したまま起き上がれない姿があります。万次郎も傷だらけの状態でしたが、どうにか這い寄ってみますと、漁労長の重助でした。

相当に痛むのでしょう、苦痛で顔をしかめています。

「重助さぁー大丈夫ですか」

「万次郎か、右の太ももあたりが痛とうて、どないにもならんきに」

見ると岩にでも激突したのでしょうか、大きな青痣ができ、丸太ん棒のように太く腫れ上がっています。悪くすると骨折しているかも知れません。

ともかく、五人すべてが、なんとか上陸できたことは確認できましたが、乗ってきた船は跡形もなく海の藻屑《もくず》となってしまいました。

このときの五人の誰も知るわけはありませんが、じつはこの島は、江戸から五八〇キロも離れた「鳥島」という無人島だったのです。「鳥も通わぬ流刑地」と言われた「八丈島」

から、さらに三〇〇キロも南に位置する、絶海の孤島だったのです。島のほぼ中央に硫黄山（標高三九四m）という活火山が噴煙を上げており、一周が六・五キロほどの小さな島でした。

傷が重く歩けない重助は、船頭の筆之丞が看病することにして、残る三人で島の探検に出かけました。

まずは「飲み水」探しです。岩場に滴り落ちる水が、わずかに溜まっている場所を発見しました。

三人とも、海に飛び込んだときに海水を飲んだのでしょう、喉がヒリヒリするほど枯れていたので、その水は蜜のように甘く、生き返ったように、手足が軽く感じられました。落ちていた貝殻に水を入れて、筆之丞と重助のもとに運び、飲ませました。二人も生気が出た様子です。

さらに探検を続けました。すると入口は一人がやっと入れる狭さですが、中は一五畳ほどの広さがあり、高さも三mほどある洞窟を発見しました。雨露はしのげそうです。

五人はこの洞窟で寝起きをすることにしました。

船頭の筆之丞が「水場」を見分に行き、皆に告げました。

「わしらは船を失くした。この先は、どこぞの船に見つけてもらうまで、頑張らねばならん。何時になるか見当もつかん。水は命だ。ええか、みんな一日三回、貝殻一杯の水で我慢するんじゃ。これは今日からの掟だぞ」

食糧は幸運に恵まれました。「鳥島」は名前の通り、現在は国の特別天然記念物に指定されている〝アホウドリ〟の一大生息地だったからです。

毎年一一、一二月頃にアラスカ方面からこの島に飛来し、卵を産んで子育てをし、翌年の四、五月頃に順次アラスカへと戻って行くのです。

土佐にも飛んでくるので、地元では「藤九郎」と呼んでいたため、船頭の筆之丞はアホウドリの習性を熟知していました。

翼を広げると三メートル近くもある大きな鳥なので、飛び立つ時には、かなり長い助走が必要です。ヨタヨタと走り出すので、誰にでも容易に捕まえることができました。

万次郎たちが漂着した当初は、盛んに卵を抱いていましたので、その卵で飢えをしのぎましたが、どんどんとふ化していきます。

「ナンマイダ。ナンマイダ」と口々に唱えながら、親鳥を追いかけては捕えて、打ち上げられた船の破片から抜き取ったクギで調理し、生肉を食べました。残った肉は天日に干して「保存食」として大事に蓄えておきます。

上陸の時に船が破壊してしまったので、釣り道具も火打石も包丁一本もない原始時代の生活です。貝殻や石を使う工夫を考えました。

ある日、万次郎はアホウドリが大きな魚をくわえて、大空を飛んでくるのを見つけました。じっと岩陰に隠れており、頭の真上に飛来した瞬間を狙って、石を投げつけました。アホウドリは驚いて、魚を落として飛び去っていきました。その魚を刺身にして皆で食べましたが、皆は不思議に思って聞きます。

「鶏肉よりも魚のほうがうまいきに。しかし、万次郎よ、釣り道具もないのに、どうやってこないに大きな魚を捕まえたのじゃ」

万次郎は話して聞かせました。翌日からは、皆が石を投げるのでアホウドリは、人の姿を見つけると、なかなか空から舞い降りて来なくなってしまいました。

船頭の筆之丞が、毎日の分担を決めました。

「食糧を見つける係り、助け舟を見つける係り、骨折した重助を看病する係り、これを順番に回して行くきに、皆が精出してがんばろうぜよ」

その日、三月の初めの頃でした。万次郎は見張り役で、丘の上から茫々たる大海原を見つめていました。

するとはるか沖合に、真っ白な帆を揚げた船が人差し指ぐらいの大きさに見えたのです。五右衛門と二人して、棒切れに布きれを巻き、大きく振りましたが、その船はどんどん沖へと遠ざかり、じきに見えなくなってしまいました。

それでも、船が見えたことは、わずかながら〝希望の光〟が灯った気分となり、見張り役の者は、目を皿のようにして海を見続けるのでした。しかし、たった一度っきりで、それ以降は誰も船らしきものを見つけることはありませんでした。

絶望と死が隣り合わせ

四月の初めに大きな地震が起こりました。誰一人として立っていられません。地面に這いつくばって揺れの収まるのを待ちましたが、五、六回も繰り返し大きく揺れて、洞窟の入り口は人一人がやっと這い出ることができるほどの、小さな穴になってしまいました。

「どうしてオイラたちは、こうも不運なんじゃ」と、重助が痛む足を擦りながら泣き出してしまいました。そして、その言葉通りに、唯一の食糧であったアホウドリが、子育てを終えて、次々と大空高く飛び去っていきます。

五月中旬には、ほとんどその姿を見かけなくなりました。加えて雨がまったく降らなくなったのです。日差しは日毎に強まり、太陽が直角に地面を刺すように照り付け、裸足の足裏が焼けつくようです。

飲み水は激減し、食後の貝殻一杯も厳しくなりました。

アホウドリが捕れないので、海岸で貝や海藻を拾ってきて食べるのですが、塩分が強く喉がヒリヒリと焼けるように乾くのです。これほどキツイものはありません。貝も海藻も日に日に収穫が少なくなり、いよいよ一日一食になりました。

万次郎は砂浜にいる小指の先ほどの小さな蟹に目をつけました。この蟹たちは海鳥に狙われるので、とてもすばしっこくて、すぐに巣穴に逃げ込みます。巣穴は曲がりくねっていて、掘ってもどこに隠れているのか、容易にはわからないので、誰もが捕るのを諦めていたのです。

万次郎は巣穴に白く乾いた砂をサラサラと注ぎ込み、そっと回りから掘ってみました。すると濡れた砂と乾いた砂のコントラストで、巣穴の道筋が判別できて、蟹が捕まえられるのです。

天敵がいなかったので、蟹は随分多く捕れました。万次郎は五人分を捕まえては洞穴に運ぶのでした。

「万次郎、おまえさんが一番元気そうじゃ。これからワシと一緒にもう一度、島中を探検してみよう」

筆之丞が立ち上がりました。二人で島中を歩き回りました。すると、ある丘の上に井戸を見つけました。筆之丞が釣瓶《つるべ》を下しますと、途中で紐が切れてしまいました。

「万次郎、そこいらの石を投げ込んでみよ」

筆之丞は井戸の縁に頭を傾けて、耳を澄ましましたが、聞こえてくるのはストン、ストンといった乾いた音だけでした。

「あかん、これは空井戸じゃ。あの大地震で地下水の流れが、変わったようじゃ」

その井戸の近くに「お墓」がありました。誰のものか墓標の字は読めませんが、小さなお椀が置かれていました。二人は顔を見合わせたものの、言葉が出ません。沈黙したまま、静かに手を合わせて祈りました。

何の成果もなかった、寂しいだけの筆之丞からの報告を聞くと、全員が黙りこくり身動きひとつしません。全員が痩せ衰えて、背中の肩甲骨がゴツンと飛出して、毛をむしられた鳥の姿のようです。

「水を腹いっぱい飲みたい。そしたら、オイラは海に身を投げて死んでも本望じゃ」

五右衛門の言葉に、その場に無常感が漂い、昼でも暗い洞窟内は一層に暗い雰囲気に包まれてきました。さすがの万次郎も「もう限界か」と思う時もありました。


気候も暑くなり、洞窟の中はむし暑く、寝苦しくてたまりません。万次郎は毎晩外に出て、夜空を仰ぎ見て過ごしました。

満天の星空が広がっています。じつにきれいな星たちが輝いているのです。

そして、どこからか、あの懐かしいおっ父の声が聞こえてきたのでした。

「万次郎、決して諦めるなよ。生き抜け！　歯をくいしばって、知恵を働かせ。工夫をしてみろ。努力を怠るな。生き抜くんだ、負けるんじゃないぞ！」

毎晩、こうしておっ父と話すようになりました。

「おっ父、おっかさんや兄やん姉ちゃんたち、妹のお梅にオイラが生きていることを伝えておくれぇーッ！」大声で叫んでいました。その思いを告げるだけで、胸が張り裂けそうです。

そんな時には、いつか故郷の中浜で見たと同じように、スーッと流れ星が飛んでいくのです。「万次郎、明日もガンバレよーッ」

万次郎は、こんな時にこそ漫然と日々を過ごすことなく、考えて、創意工夫をし、おっ父がいう強い精神力を鍛えねば生きられん、と決意を新たにしていたのです。

それは、オリオン座流星群だったのでしょうか……。

万次郎の脳裏に、しっかりと刻み込まれた無人島の夜の記憶となりました。

諦めない心が招いた奇跡の生還

六月末のある朝のことです。

食糧当番の万次郎が浜辺で蟹を捕っていました。痛くなった腰をヨッコラショと伸ばしたその時です。

東南方向の洋上に船影らしきものを発見したのです。

急いで丘に登り、目を凝らしました。真っ白な帆を一杯に張った大きな船が、間違いなくこの島に向かって近づいてきます。ドンドンとその船影が大きくなってきたのでした。

万次郎は転がるように、息せききって洞窟に駆け戻り、大声で叫びました。

「船が見えるぞ。いや船がやってきたぞーッ！」伝えると、振り向き丘に駆け戻りました。足の傷が回復しない重助と看病に付き添う筆之丞を残し、寅右衛門と五右衛門が、万次郎を追って駆け出しました。

三人は小高い丘の上に立ち、ボロボロになった着物を棒に括《くく》り付けて、大きく左右に振りながら、声を限りに叫びました。

「助けてくれーッ！」

「ここにいるぞーッ。助けてくれーッ！。お願いだーッ」

しかし今まで見たこともない大きな船は、ゆっくりと島の南東から西へと目の前を横切るように、去って行ってしまったのです。

三人はその場に崩れ落ち、うなだれて大声をあげて泣きました。涙がとどめなく流れ出、全身の力が抜けて立ち上がることもできませんでした。

その日の正午頃です。皆は疲れ果て、洞窟内に寝そべり身動きひとつしません。

万次郎は考えていました。

「今まで遠くに船らしきものを見たのは、たったの一回きりじゃった。あんなに近う島さに寄ってきたのには、何かこの島に用向きがあったのじゃなかろうか。そんなら、もしかしたらこの島の近くにおるかも知れん」

そんな胸騒ぎがしてやみません。

「どうもオイラには、さっきの大きな船さが近うにいるように思えてならん。探しに行くぜよ」

「アー、アーッ」五右衛門が短く答えました。

万次郎は空腹のせいか、今朝方の騒動で体力を使ったせいか、足元がヨロヨロしますが、這いつくばって島の西側の丘に登りました。そして驚き、歓喜に震えがとまらなくなったのです。

「諦めないでよかった！」

まるで神様が教えてくれたように、沖合にあの大きな船が泊まっているではありませんか。

しかも、二艚の伝馬船が、こちらに向かって漕ぎ出してくるのです。万次郎は転がるように駆けました。洞窟までなんと遠いことか……。

「船だー。船が来よりぞ。ほんまだぞ。こちらに伝馬船が二艚来よるぞう！」

「ほんまか！」

寅右衛門と五右衛門が万次郎に続いて駆け出しました。ちぎれんばかりにボロ布を振り、声を限りに叫び続けました。

今度は小舟の乗組員が、万次郎たちに気づいてくれました。何か叫びながら、こちらに泳いで来いと合図を送っているように見えます。西側の崖は切り立っていますし、船に乗っている人たちは万次郎が今まで、見たこともない人たちばかりです。顔に墨を塗った人もいます。

万次郎は意を決し、着物を脱いで尻に敷き、一気に崖を滑り下りました。そして、抜き手をきって、小舟へと泳いでいきました。黒く日焼けした大男が、万次郎をヒョイと船上へと引き上げてくれました。「アメンボウ」のように痩せ細った少年だったことに、船の人たちは驚いたようです。

万次郎が振り向くと、寅右衛門と五右衛門が、もう一槽の伝馬船へ泳ぎ着くところでした。

「あの二人は大丈夫だ」

そこで、万次郎は五本の指を使い、自分ともう一槽に泳ぎ着いた二人以外に、あと二人が島にいることを、懸命に伝えました。

こうして、天保一二年五月九日（一八四一年六月二七日）、漂流から一五〇日、無人島でのサバイバル生活一四三日目に、五人は奇跡的に救助されたのです。おそらく、一週間後には全滅だったであろうと言われるほどに、際どい死の淵からの生還でした。

岩礁が多い火山島なので、座礁を避けるために沖合二・五マイル（約四キロ）に本船を停泊させて、ボートを島に向かわせたところだったのです。

四キロ沖の本船からでは、肉眼では陸地の人間は見えず、救出は不可能だったことでしょう。

ボートが漕ぎ寄せた時間と万次郎が島の西側の丘に登った時間、この時間の偶然の一致が、「運命の出会い」をもたらしてくれたのです。

万次郎はこのとき自分の「強運」と、「考えて実行することの大切さ」「決して諦めないことの大切さ」を全身全霊で感じ取ったことでしょう。

そして、この三本マストの大きな帆船こそが、その後の万次郎の運命を決定づけることになる、アメリカ合衆国の捕鯨船「ジョン・ハウランド号」（ＴＨＥ　ＪＯＨＮ　ＨＯＷＲＡＮＤ）だったのです。

第2章 アメリカへ

ヂョン　ハヲラン船之図

運命のめぐり逢い

この捕鯨船「ジョン・ハウランド号」は、アメリカ東海岸のマサチューセッツ州ニューベッドフォード港を基地としており、二年ほど前に母港を出帆していました。その後、ハワイ諸島やグアム島の基地に寄港しては、薪水・食料の補給を受けて、太平洋上で捕鯨漁を続けていたのです。

三本マストで、船の長さが三四メートル、横幅は八・三メートル、三七七トン、片側に四艘、合計八艘のキャッチャーボート（鯨を追うボート）を搭載し、大砲も二門備えた堂々たる捕鯨船でした。

三四名の乗組員を統率していたのが、万次郎の「運命の人」となるウイリアム・H・ホイットフィールド船長（Captain W・H・Whitfield）。三七歳で、経験豊富なベテランの船長でした。

この日のことを船長は航海日誌に次のように記しています。

『一八四一年六月二七日、日曜日

南東の微風あり。午後一時島を目にする。海亀でもいないかと、ボート二艘を調べに出す。漂流者五名を発見し、ただちに本船に収容する。五名、飢えを訴えるも、他は一切理解不能。島の位置、北緯三〇度三一分』

この航海日誌から、万次郎たち五人がまったくの偶然から発見されたことがわかります。多くの専門家が「あと一週間ほど救出が遅かったならば、おそらくは全員が死亡していたのではなかろうか」と指摘するように、このとき五人は生と死の瀬戸際の状態に置かれていたのです。

まさに奇跡に近いめぐり逢いでした。

捕鯨船は出港する際に、母港で薪水・食料・野菜・果物・家畜（牛、豚、羊、兎、鴨、鶏等々）を積み込みます。長い航海です。新鮮な肉・野菜が欠乏すると、ビタミン不足から「壊血病《かいけつ》」という病に侵されます。この病気にかかると、細菌に対しての抵抗力が著しく低下し、ちょっとしたケガでも治らず、風邪は肺炎へと進んでしまう、やっかいな病気なのです。

ですから寄港する港では、新鮮な野菜・果物と同時に生きた家畜も積み込みます。こうした肉類が尽きると、後は塩蔵した肉類を食していたのですが、もう皆がこの塩蔵肉に飽き飽きしていたのでした。そこで、「亀の肉か卵でも見つけて乗組員の英気を養ってやろう」とホイットフィールド船長が思ったのですが、彼がそう思わなければ、五人の救出はなかったのです。

なんという幸運でしょうか。

船内に収容された五人に、調理係りの船員が大きな器に山盛りのイモを載せて、持ってきてくれました。飢えていたので、我さきにイモに喰らいつこうとした時、ホイットフィールド船長が現れ、その船員を叱りつけました。すると、船員は慌ててイモをかき集め、もとの器に入れると大急ぎで持ち帰ってしまったのです。

万次郎たち五人は、わけがわからずポカンとしていました。すると、先ほどの船員が、少量のパンと豚肉と野菜のスープを運んできたのです。

しかし、割り当てられた量が余りにも少なかったので、アッという間に食べ終わってしまいました。空腹の頭には、フカフカで美味そうなイモの残像がいつまでも焼きついて離れません。

「食物があるのに、なぜ引っこめさしたんだ」口々にグチリ出しました。あの髭もじゃの船長はケチなのか？　それでも、助かった安堵感からか、いつしか深い眠りに落ちていきました。

その翌朝のことです。万次郎は驚き、顔が引きつり、膝の震えがとまりません。前日に自分たちを救助してくれたボートが再び海に下ろされ、ホイットフィールド船長が万次郎に何か命じました。

英語なので、万次郎には意味がよくわからないのですが、その仕草から想像すると、「下ろされたボートに乗ってあの島へ帰れ」と言っているようなのです。せっかく助かったのに、なぜ自分だけが島に返されるのか、合点がいきません。

「助けてください。どうかこのまま、この船に残してくださいまし。お願いします。何でもやります。お願いつかまつりまする」

万次郎は泣きながら、米つきバッタのように甲板に頭を打ちつけて、必死に願い出ました。

船長はブラックボード（黒板）とチョーク（白墨）を持ってこさせると、捕鯨船・ボート・島の図を画き点線で進路を示し、着物のような絵を描いて、優しく話しかけてくるのです。そして、万次郎の右手を握り、肩を叩いて「さあー心配しないで行っておいで」と言っているようなのです。

勘が鋭い万次郎には、これで事態が飲み込めました。

「五人が島に残してきた品物がないか、あれば持ち帰るように。そして、この仕事は、一番元気のよいオマエさんの仕事なのだ」と船長はそう言っているようだと……。

そして、島からボロの着物やキセル、小銭等を持ち帰りましたが、これらの品物は後に五人が「日本人である」ことを証明する重要な証拠の品になるのでした。

万次郎は、この黒い板と白いチョークが、おおいに気に入りました。何か知りたいことがあるとそれに絵を描き、そして相手の口元をジッと見つめ、耳を傾けます。こうすると少しずつ、少しずつ、言葉の意味がわかってくるのでした。

すると、例の山盛りのイモの件も、船長がケチだからではなく、飢えた人間に一度に大量の食事を与えると、時には死に至るのだということもわかりました。仲間にさっそく、そのことを教えてやりました。

すると、筆之丞が言います。

「万次郎、どうもおかしいのだ。この船は南に南にと向かっておるようなのじゃ。土佐に帰るには北西に向かわんといかんはずだ。なぜなのか、確かめてくれんかいな」

「それはみんなして、聞いてみんしょうよ」

ホイットフィールド船長は五人を船長室に招き入れました。机の上にあった丸い玉をグルグルと回しながら、現在の船の位置と、これから向かう方向を指で示し説明してくれました。確かに「これがお前たちの国だ」という方向とは、まったく逆の方向へ進路をとっているようです。

そして、わかったことは、漂流民を日本に送り届けると、有無を言わさず、陸地から大砲で撃ってくる。危険で近寄れないので、このまま捕鯨漁を続けながら次の寄る港で、お前たちを下ろすことにしたということでした。

当時の日本は「鎖国政策」をとっていたために、自分の意志とは関係ない暴風で遭難した漂流民であっても、断固受け入れを拒否していたのです。

世界の海を航海してきたホイットフィールド船長は、鎖国をしている日本の実情をよく知っていたのです。

この髭もじゃの船長は、大きな身体をしているが、じつに細やかな神経で、自分たちのことを考えてくれている。万次郎はそう確信しましたが、何しろ言葉がわからない。相手の言っている熱のこもった言葉の意味が知りたい。目を見ていると吸い込まれそうな優しさなのだが……。自分の考え、せめて感謝の気持ちを伝えたいと万次郎は痛切に思うのでした。

その日から、手の空いている船員を見つけると、身振り手振りで会話を試み始めました。誰もが、快く教えてくれましたが、万次郎はすぐに気づきました。

この船に乗っている人たちの、手の空いている時間は、彼らにとっては貴重な休憩時間であるということを。

ならば、自分が手伝えることはないだろうか。考えるといくらでもありました。食器洗い、洗濯、甲板掃除などできることは何でもやることにしました。

すると必ず「サンキュウー　マンジエロー」と誰もが言ってくれるのです。

故郷では何をやっても怒られてばかりでしたが、この船の人たちはまるっきり違うのです。何をやっても「ありがとう」と感謝の言葉が返ってくるのです。万次郎はうれしくてたまりません。さらに気合をいれて、活き活きと働きました。

誰にも言われなくとも、仕事を探すのが楽しくてたまりません。しかし他の四人は外国人になじめないのか、与えられた靴さえ履かずに船底に固まって毎日を過ごしているのでした。

快活に働き、人なつっこい少年万次郎は、異文化の中に積極的に飛び込んで行き、自ら働くことによって、いつしか「ジョン・ハウランド号」のマスコット・ボーイとして、船名の一部をとり、「ジョン・マン」と呼ばれ、誰からも可愛がられるようになっていったのでした。

自ら進んで行動

この頃になると、五人には特別に、米の「ごはん」が時々出されるようになりました。日本人は「ごはん」が大好きですから、一同は大喜びでした。万次郎も全身に力が漲《みなぎ》ってくるのを感じて、何かしたくてムズムズしていました。

メイン・マストの上にクローズ・ネスト（鳥篭《とりかご》）と呼ばれる「見張り台」が取りつけられています。

これは三〇メートルもの高さがあり、しかも、つねに前後左右に大きく揺れています。万次郎も当初は足がすくみましたが、回を重ねると、慣れてきてもう怖くはありません。むしろ頬に受ける潮風は心地よく、船長室で見た「地球儀」のように海が丸く見えるのです。

しかも、真っ白な三本の帆と海の青さが美しく、「こりゃ絶景じゃ」と独り言をつぶやくほど、この場所が気に入りました。カモメが翼を休めに遊びに来たりもします。

そして、見張りの仕事の要領をすっかりマスターしていったのです。

昼食後の休息時間のことでした。

「ゼァ・シー・ブローズ！　シー・ブローズ!!」（あそこで鯨が潮を吹いているぞ！）

メイン・マストの上にある、見張り台の上に登った万次郎は、大声で叫びました。

身軽なうえに、人一倍目がよく、遠方まで見えるのです。聞きなれないボーイ・ソプラノの声に、船長はじめ皆がその方向を見ましたが、指差す方向に、それらしき姿は見られません。船員一同が笑いながら、ジョン・マンを見上げています。

船長も微笑みをたたえながら、望遠鏡で覗いてみました。すると、どうでしょう、確かにジョン・マンが指差した方向に、鯨の群れが潮を吹き上げているのです。

船長は直ちに指示を出しました。にわかに活気づいた船内は、総出でキャッチャー・ボートを下ろす準備に入りました。船長は一眼の望遠鏡で鯨の位置を確認しながら、本船の進む方向を指示していましたが、「レッツ・ゴー」（今だ。それ行け！）の合図を出しました。

八艘のうち四艘のボートが下ろされ、一艘に六人が飛び乗ります。四人が漕ぎ手、先頭に銛《もり》打ちが構え、最後尾には舵取りが取りつき、鯨に向かって、いっせいに漕ぎ出して行きます。そして、鯨に近づくと銛打ちが渾身の力で、銛を打ち込むのです。

鯨は海中深く潜水をはじめます。銛に繋がれたロープが、うなりを上げて延びていくのを、杭に回して踏ん張りますが、海水をかけて冷やさないとロープが焼け焦げるほどの力とスピードです。

ボートも猛烈な勢いで疾走して行きますが、やがて息継ぎのために浮上してきた鯨に、二の矢、三の矢と銛が打ち込まれると、さすがに巨大な鯨も力が尽きてしまいます。くい込んだ銛をロープで結び、獲物を引いてきます。本船に横づけされた鯨は、大きな薙刀《なぎなた》のようなもので、手際よく皮を剥がされていきます。それを、滑車を幾つも組み合わせた「ウインチ」というもので、甲板に引き上げ、さらに細かくして、大きな釜で煮るのです。

こうして鯨油《げいゆ》がつくられ樽に詰められていきます。さまざまな機械類が効率的に配置されているのを、万次郎は興味深く見て回りました。肉は食さないので、海に投棄されますが、頭部は脳油・歯・髭など利用価値が多いため、引き上げられ解体されます。この一連の作業が、流れるように進められていくのです。そして、最後は全員で、甲板を綺麗に清掃して終了です。

もちろんジョン・マンもデッキ・ブラシを持って、これに加わりました。そんな万次郎をホイットフィールド船長は、温かい目でジッと見つめていました。

認められたジョン・マンのチャレンジ精神

数日後、ジョン・マンのボーイ・ソプラノがまた船内に響きました。自信に溢れた声のように聞こえます。

「ゼァ・シー・ブローズ！　シー・ブローズ！」

全ての船員が持ち場について、捕鯨漁が開始されました。そして、全ての作業を終了した後に、全員がデッキに集められました。

ホイットフィールド船長から、ここ数日の漁に対するねぎらいの言葉とチェリー酒が配られました。皆がうれしそうに飲んでいます。そこで、船長は全員に告げました。

「これから、ジョン・マンに、わがジョン・ハウランド号の名誉ある船員帽の〝授与式〟を行うぞ」

そして、ジョン・マンを前に出させると、帽子をかぶらせて「ジョン・マン、よくやったぞ！」

全員が拍手や口笛で祝福してくれました。そして、握手する者、肩を叩く者、抱き上げてくれる者と……。皆が喜んでくれる。「よい人ばかりなんだ。この船の人たちは」

感激し、涙ぐんでしまいました。前もって準備してくれていたのでしょう。万次郎の小さな頭にピッタリの帽子でした。

その夜、万次郎はうれしくて眠れずに、何度も何度も帽子をかぶって過ごしました。

「一人前には、ほど遠いかもしれない。でも少なくともこの船で役立つ一員として認められたんだ。それだけでバンザイだ！　最高だぜ！」興奮はいつまでも覚めませんでした。

翌日からのジョン・マンの動きは、さらに活き活きとピョンピョンと飛び跳ねるようでした。鯨の皮の切断、油の樽詰め、測量、帆の上げ下げ、いくらでも仕事はありました。

ある夕食後のひとときのことです。銛《もり》打ちのNO1と言われているジョージさんに、「今度はボートに乗せてほしい」と頼んでみました。銛は重く、長くて万次郎には「銛打ち」は無理と自覚はしていたのです。ジョージは、頭に巻いたバンダナを後ろにずらし言いました。

「ジョン・マンよ、よーく見ろ。俺の髪の毛を。この航海前まではオイラの頭はフサフサだったんだ。ところがどうだ、今ではこのざまだ。ツルツルで床屋が手持ちぶさただとぬかしやがる。というのも鯨さんが、ものすごいスピードでボートを引っ張るからだ。そのたびに、オイラの髪の毛が三本、四本と、後ろにすっ飛んでいったってわけだ。海の中には、血の臭いを嗅ぎつけた鮫がウヨウヨと泳いでおいでだぞ。ジョン・マンよ、もう少しの辛抱だ。おまえさんに体力がついたとオイラが見抜いたら、オイラのほうから必ず声を掛けてやるぜ」

聞いていた全員が、どっと笑いました。どこかのグループの歌声が賑やかに響き、捕鯨船の夜は更けていくのでした。

この少年の日々をジッと観察している人物がいました。そう、命の恩人であるホイットフィールド船長です。彼は気づいていました

●新しい環境や異文化に順応する高い資質・能力を有している。
●誰かの指示を受けずとも、自分から行動する前向きな姿勢がある。
●しかも、果敢にチャレンジしていく勇気がある。

この少年を母国アメリカで教育を受けさせたら、いったいどんな男に成長していくのだ

ろうか……。

憧れのアメリカへ

この船に乗っている人たちは、今では全てがアメリカ人ですが、それぞれが、「母国」というものを持っていることを知りました。イギリス、ポーランド、ポルトガル、ノルウェー、イタリア、アフリカ…と。そして、それぞれが自分の出自国について、強い自負心と愛着、高い誇りを胸に抱いていることもわかってきました。

その異なる国籍の人々が、何事にも「ありがとう」と感謝し合っているのです。しかも、偉い人のほうが毎日を忙しそうに働いていますし、みんながまったく同じ物を食べ、対等に話しあっているのです。アメリカとは一体どんな国なんだろう。生まれつき、好奇心が旺盛だった万次郎は、アメリカという国への思いが、胸の奥で渦巻いているのを感じていました。

お互いが「感謝しあう文化」への憧れと言ってもいいでしょう。そう、死の淵から助けられてから、やがて六カ月が過ぎようとしていました。

そんなある日のこと。

「あと三日ほどで、本船はサンドウイッチ諸島（ハワイ諸島）のオアフ島、ホノルル港に入港する予定だ。そこで諸君は下船し、日本へ向かう船の便を待つことになる。それぞれ自分の荷物をまとめておくように」とデービス一等航海士が伝えにきました。

その三日後の一八四一年一一月二〇日、「ジョン・ハウランド号」はオアフ島のホノルル港に入港しました。ホイットフィールド船長は、救助した五名をつれて、カメハメハ王国のジャッド医師のところへと向かいました。そこでは、万次郎たちの、持ち物やあらかじめ展示されていた物の識別などから、日本人であることが確認されたのでした。

そのうえで、島の役人のところへ五人の保護を頼みに出向きました。

「中国に向かう船があれば、それに五人を乗せて日本へ送り届けて欲しい」

別れにあたって、船長はそれぞれに洋服一着と銀貨を渡し、「みな、身体に気をつけて、帰国の機会を待つように……」といいます。

五人は涙を流し、感謝とお礼の言葉を述べました。万次郎は胸が張り裂けそうで、言葉が出ません。溢れ出る涙で、目が真っ赤に腫れ上がってしまいました。

「ジョン・マン、グット・バイ、グッド・ラック！」

船長は優しく万次郎の肩を抱き寄せるのでした。

「ジョン・ハウランド号」の乗組員一同も、お金を出し合い、五人に外套を餞別にくれました。なんという優しい人たちなのか。厄介者の漂流民に、餞別までくれる「海の男の友情」を、万次郎は深く胸の奥に刻み込んだのです。

「オイラは生涯、この親切心を忘れないぞ！」


陸《おか》の上の生活が始まり、久しぶりなうえに、美しい花々、果物も美味しい。万次郎を除く四人は南国ハワイの魅力にどっぷりと浸っていたのですが、万次郎だけはなぜか浮かない、空虚感から抜け出せないでいました。

そこへ、ホイットフィールド船長が訪ねてきたのです。一二月一日、オアフ島に着いて一〇日間が過ぎていました。船の修理・補給も終わったので、今日の午後にハワイを出港するので、別れに来たとのことでした。

全員が一列に並び、頭を低くし感謝の気持ちを表しました。すると船長は、船頭の筆之丞を物陰に呼び、そっと聞きました。

「この一〇日間、私なりに考えたのだが、ジョン・マンをアメリカ本国につれて行きたい。

彼に教育を受けさせてやりたいのだが、どうだろうか」

筆之丞は返答に困りました。自分たちの村から一〇〇キロも離れた中浜村の母親から、「よろしくお願いします」と預かってきた子供だったからです。

「万次郎に聞いてみてくださいますか」と答えるしかありませんでした。すると、ホイットフィールド船長の申し出に、万次郎は大きな声で即答したのです。

「船長さん、オイラをアメリカへ連れて行ってください」

これには他の四人のほうが驚きました。たった一人で未知の国へでかけるということが、彼らには正気の沙汰とは思えなかったのです。しかし万次郎はこの一週間、ずっと考え続け、自問自答を繰り返していたのです。母や兄・姉・妹たちの待つ土佐へ、いつ帰れるのだろうか。おそらくすぐにではあるまい。一人前の漁師になれと宇佐浦へ送り出してくれた母親だ。心配しているか、あるいはもうすでに海で遭難したものと思っているのだろうか……。

考えても結論が出ません。ならば実現可能な事柄に集中すべきではないのか。五人の漂流者を何の偏見もなく、手厚く保護してくれた、優しい船長さんの顔が浮かび、拍手で「帽子戴冠《たいかん》」を祝ってくれた船員一人ひとりの顔が思い出されます。

尊敬する船長さんは、今頃どうしているのだろう。「ジョン・マン」と自分を可愛がってくれたみんなは……。あの船には、自分が学ぶべきものが、まだ山ほどあった。操船も測量も…。

機械類の原理も知りたい。イングリッシュもマスターしたい。ジョージが「もう少し待て」といったキャッチャー・ボートにも乗ってみたい。

偶然出会った異文化でしたが、万次郎には神が与えてくださったチャンスとしか思えませんでした。そして、何よりも「ありがとう」と言い合える「感謝の文化」への強烈な憧れがありました。

では、どうすればよいのか。そんな時だったのです。船長が声をかけてくれたのは。

「ジョン・マン、私と一緒にアメリカへ行ってみないかね」

万次郎は自分の幸運に感謝しました。幼い時に父を亡くした万次郎は、ホイットフィールド船長に、おそらくは父親の幻影を見ていたのでしょう。

船長と共に戻った「ジョン・ハウランド号」では、出港の準備を終了し、全ての乗組員が甲板に出て「いまや遅し」と船長の帰りを待っているところでした。

そこへ、ジョン・マンを連れた船長が戻って来たではありませんか。

「おい、あれはジョン・マンじゃないか」
「オーイ、ジョン・マンが戻ってきたぞーッ」
「ジョン・マン、また鯨を見つけてくれよ」
「よくぞ戻ったな、ジョン・マン、お前は我々の仲間なんだ。それ急げよ、すぐに出帆だぞ！」

口々に歓迎の言葉が浴びせられました。すかさずエーキン一等航海士が、船員帽をもってきてくれました。万次郎の頭には、再びこの船の船員帽が誇らしげに輝きました。

一八四一年一二月一日、「ジョン・ハウランド号」は、日本人漂流民五人のうち万次郎のみを乗せて、ホノルル港を後にしました。

その後、捕鯨漁を続けながら、グアム、台湾、タヒチと経由し、南米最先端のケープホーンを回って、ホノルルを出てから一年半後の一八四三年五月六日、母港であるアメリカ東海岸、マサチューセッツ州のニューベッドフォード港に帰港しました。

船長たちにとっては、四年ぶりの帰郷。万次郎にとっては、約二年間の船上での生活。土佐の宇佐浦から数えれば二年半が経っていました。万次郎は、もう一六歳の逞《たくま》しい若者に成長していたのです。

日本人初の留学生誕生

「ジョン・ハウランド号」からは、次々に鯨油の樽がニューベッドフォード港に荷揚げされていきます。このときに陸揚げされた総量は、二七六一樽（バーレル）と記録されています。鯨一頭から平均で四五樽が採れますから、この四年間余に六〇頭分以上の鯨資源を得たことになります。

ホイットフィールド船長は、賃金などの支払い手続きをおこなうために、税関についで捕鯨会社に出かけていきました。その間、万次郎は一人甲板から町の様子を眺めていました。

船員たちが迎えにきた家族や恋人たちと抱擁する姿が、あちこちで見られます。四年間も離れて生活していたのですから……。でも、万次郎はそのオープンでアッケラカンとした姿に、びっくりしていました。

「アメリカの人たちは、なんてオープンなんだ。人前で平気でキッスをしている」

正直、見ているほうがドキドキしてしまいます。港に目を転じると、帆をたたんでいる船や、今まさに出帆しようとしている船の数のおびただしいこと、マストが林のように立ち並んでいます。陸には所狭しと、鯨油樽が積み上げられていますし、その先には、赤レンガ造りの建物が連なっており、行きかう人々、荷馬車の蹄《ひづめ》の音、そのにぎわいに圧倒されてしまいます。

ホノルル、グアムの何十倍、何百倍の繁栄ぶりなので、ここでも万次郎の好奇心はとても抑えられません。確かめに行ってみると、桶屋、鍛冶屋、帆布・ロープ店、塩蔵肉店、野菜・果物店、雑貨屋、生きた鶏・豚・牛を売る店、何でもあります。そしてどの店も人々で活況を呈しているのでした。

夜になって、ホイットフィールド船長が戻り、アメリカにおける捕鯨業の意味を教えてくれました。それによると、アメリカ人は鯨肉こそ食べませんが、その他の部位はことごとく利用しているとのことです。

鯨油はランプ・ローソク・機械油などの原料として、骨は紳士のステッキやパイプ、洋服のボタンに、髭《ひげ》は婦人たちのパラソルや夜会服のコルセットに、また、その夜会に出かける馬車の御者が握るムチに使われるのです。とくにマッコウクジラの頭部にある「脳油」は価値が高く、時計や精密機械の潤滑油として、また腸内にある塊は、薄めると独特のいい香となることから、オーデコロンやクリームなどの化粧品や石鹸、薬品の原料として珍重され、さらに鯨の歯に船員が彫った作品は「スクリームショウ」と呼ばれ、工芸品として人々に親しまれているそうです。

昼間、万次郎が見たのは捕鯨船相手の店で、その裏側の道には、鯨がもたらした資源を市民生活に活用する店や工場が立ち並んでいます。そしてそれらの品物は、イギリス、フランス、イタリアなどヨーロッパ各国に輸出され、アメリカが外貨を得る重要な商品となっているということでした。

ノルウェー、フィンランドなども捕鯨をしていますが、世界の捕鯨船九〇〇隻のうち、八割以上がアメリカ籍で、ここニューベッドフォード港は全米ナンバーワンの捕鯨港で、ここは、世界一の捕鯨基地でもあるわけです。

「ジョン・マン、ここで大いに学ぶことだ。海の男として知識の全てを。操船について、測量について。ここでは、その気にさえなれば何でも学べるのだ。大きな夢を抱き続けることが大切だ。くじけるなよ。いつも私が傍にいるということを忘れずに、頑張ることだ」

万次郎は船長のこの言葉をしっかりと心の奥深くに刻み込みながら聞きました。

「でっかい夢を持って、たくましい海の男になろう！」

そう誓ったアメリカ大陸に上陸して、初めての夜でした。

翌朝、馬車に乗って船長宅に向かいました。道筋で船長を見かけた人は必ず声をかけてきます。「お帰りなさい。船長さん」「お元気そうですね。大漁おめでとうございます」と。これらに軽く会釈をする船長。この町でホイットフィールド船長がいかに慕われ、尊敬されているかがわかります。

ニューベッドフォードの町と、船長の家のある町フェアヘーブンとの境にあるアクシュネット川に馬車がさしかかったとき、万次郎はビックリ仰天したのです。なぜなら、目の前の道がスルスルと向こう岸へスライドして離れていくではありませんか。

「道がなくなる」

このまま進めば、馬車ごと川の中にはまってしまうのは確実です。

「これはラッキータイムだな。ジョン・マン。

じきにわかるが、これから、この川を船が下って海に向かうのだ。橋に帆柱がぶつからないように、通過するときだけ橋をずらせる仕掛けなのさ。人々はこの場面に遭遇すると、〝アンラッキー〟というが、私はそうは思わない。出かける船、帰還する船、それぞれの無事や成功を、こうして見届けるチャンスなのさ。まあ、見ていたまえ」

　間もなく捕鯨船が、一隻三艘のボートに引かれて下ってきました。船上からは、船乗りたちが大きく手を振って挨拶をしています。ホイットフィールド船長は、帽子を振りながら「お元気で。グッド・ラック！」と大きな声で呼びかけています。万次郎も一緒に「グッド・ラック！」を連呼していました。万次郎のアメリカ大陸初上陸は、海の男たちの連帯感を実感し、長く記憶に残る体験となったのです。

教会で初めて人種差別を受ける

　ニューベッドフォードは人口が二万人を超える大きな町でしたが、隣のフェアヘーブンは人口六〇〇〇人ほどで、ここにも小さな捕鯨基地がありましたが、捕鯨関係者のベッドタウンのようでした。捕鯨会社、保険会社の役員や高級船員たちがここで暮らしているのです。

　万次郎がこの町に初めて足を踏み入れた五月七日は、春の花がいっせいに咲き誇り、家々の庭の花壇は美しさを競い合っていました。万次郎はこの美しい町がひと目で気に入りました。

船長の家は海岸のすぐ近くの二階家で、キャビン風の丸い窓のついた二階の一室が、万次郎に与えられました。船長は前の航海中に妻を病気で亡くしておりましたので、婚約したばかりの新妻をニューヨークに迎えに出かけていきました。そして二週間ほど後に夫人を連れて戻ってきました。色が白く、目がブルーに輝いている美しい人でした。

「ジョン・マン。家内のアルバティーナだ。きみのことはよく話してある。これからは三人で仲良くやっていこう」

その日から船長の家の中には笑い声が絶えず響き、明るさが百倍は増したように、万次郎には思えました。

そして最初の日曜日、三人で教会に出かけたときのことです。船長夫妻と万次郎たちが以前どおりの家族席に三人で腰掛けていると、教会の関係者がやってきて万次郎を指差し、ずっと後ろの柵の向こう側の席に移るようにといいました。見ると、そこには黒人たちが一団となって座っています。

すると船長は、無言で新妻と万次郎の手を引き、教会を後に帰宅したのです。夕方になって教会の関係者が二名訪ねてきました。彼らの話を聞いていた船長は、スクッと立ち上がり、大股で玄関ドアに向かうと、大きく開け放ち「どうぞお帰りください」と右手を横にゼスチャーで示しました。万次郎には何が起きているのか、十分に理解できていました。でも少しも動揺しません。なぜなら、二年間の捕鯨船生活で、アメリカ社会を知っていたからです。いろいろな国の人が集まる捕鯨船「地球号」では、肌の色の違いなどまったくナンセンスなことでした。

船員の信頼を一身に集める「一番銛打ち」のジョージには、アメリカ・インディアンの血が色濃く滲んでいましたし、三等航海士のサムはアフリカ系ですが、彼に勝る力持ちは船内にはいなかったのです。そして何より航海に出れば、捕鯨船は「運命共同体」なのです。それぞれの力量を最高に発揮し合うことで、日常が運営されていたからです。

その運命共同体を率いて七つの海を四年、五年と航海を続けてきたのが、信頼するホイットフィールド船長なのです。公平・平等の精神を、どんなときでもまっすぐに貫き、仕事の指示を出す船長でした。

訪ねてきた教会関係者にも終始無言の船長の胸の内がわかるだけに、万次郎はうれしさで身震いがしていたのです。私はこの人についていく、どこまでも……。

船長はさっそく教会を変えたのです。新しく移った教会は、人種差別のまったくない「ユニテリアン系の教会」でした。宗教心の強いアメリカ人が、自分の信仰する宗派の教会を変更することの重みについて、隣人から教えられた万次郎は、船長に対しすまない気持ちと感謝でいっぱいでした。そして今後は懸命に努力して、船長のご恩と期待にこたえようと、新しい教会の神様に固く誓ったのです。

学校に通い、初恋をし、青春を謳歌する

学校にも通い始めました。「オクスフォード・スクール」という私塾です。一つの教室に四〇名ほどの生徒が学んでいました。年齢もまちまちで、勉強はそれぞれの実力に応じて教科が与えられるようになっていました。理解が進めばどんどん進級していくことができるシステムです。

この学校のアレン先生は美人三姉妹の真ん中で、学校が終わると、万次郎はアレン先生の家に行って補習授業を受けました。これも船長の配慮でした。長女のチャリティは万次郎の服や靴下の繕いやクッキーを焼いてくれました。二女のジェーンが先生。三女のアミリアは万次郎と共に机に向かって勉強仲間になってくれました。

休日には四人でニューベッドフォードや教会のバザーや観劇に行くのですが、それはじつに楽しいひと時で、万次郎には待ち遠しい日々となっていきました。

郵便を出しに行ったときのことでした。郵便局は町の公会堂の一階にありましたが、二階では大勢の人たちが集まり、盛んに議論をしていました。この町から議員を選び、この国を動かす大統領を決める話し合いだといいます。それが終わると今度はこの町の町長を選ぶといいます。このように、町や国を動かす人を自分たちで議論した後に投票で決定する国、アメリカの民主主義の実際を見学し、そのシステムをアレン先生から教わったのです。一人一票、誰もが同じ重さの一票を「入れ札」にするのです。

この頃、船長が新しい家を購入しました。前の家より大きく広い庭があります。前庭には野菜畑、裏庭には牛・馬・鶏を飼いました。万次郎は、少しでも家計の助けになればと考え、畑仕事や家畜の世話を手伝いました。馬にも乗れるようになり、町外れの公園まで走らせる楽しみも覚えました。

町の人々は、馬にまたがり疾走するジョン・マンの姿をしばしば目にするようになりました。

万次郎は日本に帰国した時、「アメリカの馬と日本の馬ではどちらが大きいか」と尋ねられて、「アメリカの馬のほうが大きくて速い」と答えたため、「このアメリカかぶれが、馬までメリケがでかいと抜かすか。ただではおかんぞ」と脅されたそうですが、このときの体験から答えたのでしょう。実際に、つい最近まで日本産馬のほうが小さかったのです。いまでは改良が重ねられ、甲乙つけがたいようになっていますが。

万次郎は家から近いスコンチカットネック・スクールへ転校しましたが、アレン先生のところへは従来どおり訪れて補習授業に励む日々を続けました

遊び仲間もずいぶん増えました。捕鯨の町ですので、どの家も何らかの形で捕鯨業と関係していました。町の人々は、二〇～三〇ドルとわずかずつでも捕鯨船の株を持つ株主になっていました。捕鯨王といわれたデラノ家やトリップ家の子どもたちとは特に気が合って一緒に学校や教会に通っていました。

船長が親しい友人の家族や子どもたちは、この日本の少年を自然に受け入れてくれましたが、南北戦争の一八年も前のアメリカ社会のことです。なかには、東洋から来た黄色い肌の少年となじまない人がいたのも事実です。ところが、万次郎はまったくそうした目を意識しませんでした。

船長は教会を変えてくれましたが、「オイラはオイラだ。変えるべき何物もない。要はいかに自然に振舞い、いかに彼らにオイラの存在を認めさせるかしか、今の自分には方策

はないのだ」と自分自身にそう言い聞かせていたのです。ましてや、肌の色など、どうしようもないことで、人間の努力では変わらないと。

万次郎が鯨の髭を削って凧《たこ》をつくり、大空に高く揚げたときは、クラスメートたちはビックリしました。万次郎は凧に「おっ父の絵」を描きましたが、友達にはオリエンタルな侍の絵に見えたようです。友達も母親の顔やイヌ、ネコ、鯨を描き、フェアヘーブンの空一面に凧を揚げました。

ある友人が「ジョン・マン、お母さんの絵を描いて揚げれば、会えるようになるかも……」と話しかけると、万次郎は目にいっぱい涙を浮かべましたが、唇をギュッと結び、ひと言も発しなかったといいます。

「スモウ」「鬼ごっこ」という遊びの提案にも、クラスメートを夢中にさせました。後日、「アメリカ人は体は自分よりも大きいが、スモウでは負けなかった」と話しているところを見ると、負けん気も相当に強いものがあったのでしょう。捕鯨船の船名を当てるクイズなど、遊びの中心にはいつもジョン・マンがいるのでした。

勉強も追いついてきた、遊びも面白い、積極的で明るいジョン・マンを、学友はアイデア・マンとして彼らの仲間の中心的な人物としてしだいに受け入れていったのです。

この頃、キャサリンという女の子に、万次郎が贈ったという英文の詩が残されています。

『とても寒い夜のこと
あなたのバスケットをつるしたよ
目をさまして、明かりをつけて！
逃げていく僕を見つけておくれ
でも、追いかけたりはしないでネ』

（訳・中濱　博「私のジョン万次郎」より）

フェアヘーブンの春は実にきれいです。緯度的には、日本の函館近くになるこの町は、五月に入ると、春の花がいっせいに開きます。その花をつんでつくったバスケットに、詩を入れて好きな女の子の家の軒先に吊るす「メイデイ・バスケット」という風習があったのです。その時に、ジョン・マンからもらった詩だと、晩年にキャサリンが見せたものです。

アレン先生の家の三女、アミリアがジョン・マンの初恋の人という説もあります。このアミリアは後にエルドレッジという船長さんと結婚しますが、そのエルドレッジ船長が、日本開国後、横浜港に入港した捕鯨船の船長だったのです。不思議な縁を感じます。

一七歳になったジョン・マンはこの地でアメリカの青年男女に混じって、青春を謳歌し、共に学び、遊び、恋をしていたのです。彼らと何ら変わりなく、ごく自然に……。

そんなジョン・マンをホイットフィールド船長はじっと観察していました。学校からもアレン先生からも、「ジョン・マンは数学が得意で、総合ではクラスのトップの成績」といわれていました。船長も捕鯨船での二年間の観察で、「日本人は数学的なセンスがある。とくにジョン・マンは数学や天体への興味が強い」と感じていました。

「ニューベッドフォードにバートレット・アカデミーという高等航海士養成の専門学校がある。そこに進学してみないか」

船長の問いかけに万次郎は驚きました。当時のアメリカでもめったには進めない学校だったからです。船長の推薦がなければとても進学できない名門校なのです。万次郎は自分に注いでくれる船長の愛情に全力で応えていこうと改めて誓うのでした。広大なアメリカの牧草地の領有を決定する測量士や航海士は、一般的なアメリカ人よりもステージが高い職業だったのです。

高等航海士養成学校を首席で卒業

高等数学、測量術、航海術、世界史を中心に、万次郎は懸命に学びました。学費の足しになればと桶屋のハズィーのところで住み込みで働き、そこから学校へ通いました。学校が終わってから、樽つくりの設計、材木削り、組み立て作業と忙しく働き、睡眠不足から食事が十分に摂れず、栄養失調になってしまいました。そこで船長宅に戻り、そこからハズィーのところへ通い、樽作りのノウハウすべてを見事にマスターしたのです。

やがて一八八四年一〇月六日、ホイットフィールド船長が漁に出ることになりました。アルバティーナは妊娠していたので、船長は菜園と家畜の世話を万次郎によくよく頼んで、「ウイリアム・アンド・エライザ号」に乗って出帆していきました。

まもなくアルバティーナに可愛い長男が誕生しました。名前は船長が自分と同じウィリアムと決めていました。ウィリアム坊やは万次郎を自分の兄と思っているのか、いつもチョコチョコと追いかけます。万次郎も坊やが可愛くて、暇をつくっては相手をしてあげるのでした。

万次郎はバートレット・アカデミーを首席で卒業しました。その当時は、文系はハーバードへ進むといわれていましたが、宣教師養成の目的の学校であり、宗教の勉強が多かったのです。ハーバードに法科ができたのは、ずっと後のことでした。

ニューヨークのウエストポイントにはジョージ・ワシントンが設立した陸軍士官学校がありましたが、卒業後は三年の兵役が課せられていました。ノーホークの海軍士官学校も同様の兵役義務がありました。

そこで、技術系のバートレット・アカデミーは地元では人気が高く、名門といわれていたのです。当時のアメリカ社会で最高学府といった学校でした。万次郎がその名門校を立派な成績で卒業したことでアルバティーナは大喜びし、船長にも手紙で知らせてくれたのです。

この学校は、実習科目も多く、生徒同士のディスカッションで決定する訓練やリーダー・シップの力量が重要視された学校で、単に勉強ができるからといって、首席になれるような学校ではありませんでした。万次郎は、自分の意見を堂々と主張し、弁論大会でも常にトップクラスの成績でした。

そして万次郎はこの町、とりわけ船長夫妻、アレン先生の三姉妹、桶屋のハズィーらすべての人の善意に支えられて、今の自分にたどりつけたと、感慨を新たにしていました。

この国には「ノブレス　オブリージュ（noblesse oblige＝地位に応じた責任を負うという西洋の道徳観）」という精神があることも知ってはいましたが、そうした一過性のものではない、自分に対する深い愛情をヒシヒシと肌に感じていたのです。

ニューベッドフォード捕鯨博物館ケンダル研究所のスチャート・フランク博士（歴史学）が次のように話してくれました。

「ジョン・マンは創意工夫やチャレンジ精神に富み、この町の人々に愛されただけでなく、慕われ尊敬されてさえいた。彼が私たちの仲間として迎え入れられたのは、彼の勤勉さと努力を惜しまない真摯な姿勢の故ではないだろうか」

ジャーナリストの大宅壮一氏は次のように話していました。

「漂流とは民族のリトマス試験紙なんだよ。無作為で流された漂流民の資質で、その民族のほぼ全容がわかるのだ」

勤勉と努力、創意工夫や進取の精神……これらは私たち日本人の素養・資質ではないでしょうか。

つまり万次郎は、きわめて日本人らしい日本人だったということです。万次郎のように勇気をもって見知らぬ土地に、見知らぬ人々の異文化の中に飛び込んで努力してみようではありませんか。その第一歩から道は拓けていくのです。

新しい世界に飛び込んでいったからこそ、日本の「腕白坊主」の積極性や創意工夫は個性として評価され、その個性をつまずに伸び伸びと育てた「アメリカ式の教育」が実を結んだのです。

ということは、誰もが全力で持てる力を発揮さえすれば、万次郎と同じように新天地においても輝いていけるということではないでしょうか。

積極的に新分野にチャレンジしていく「勇気と行動」は、私たちの宝物なのです。「受けた恩は必ず返す」というのも、また日本人の美徳です。この町の人々の善意にはどのように恩返しができるだろうか。学校を卒業し、社会に出るに当たって、万次郎はじっくりと考えたに違いありません。

アメリカ捕鯨船員として

卒業してすぐのことでした。町の本屋で、偶然、デービスさんに会いました。

「やぁ、ジョン・マンじゃないか。元気そうだね。しかも、随分と男前になったじゃないか。ちょうどよかった。じつは私は近日中に、船長として出港することに決まったのだが、どうだいジョン・マンも、一緒に行かないかい」

誘いの声をかけてくれたのは、「ジョン・ハウランド号」の一等航海士だったアイラ・デービスさんでした。そう、あのハワイで真っ先に船員帽を持ってジョン・マンにかぶせてくれた人です。

「フランクリン号という名の新しい船だ。現在、スタッフの編成作業中なんだ」

デービスさんはジョン・マンが、バートレット・アカデミーを卒業したというニュースは、知っているようでした。けれども、彼は実際の現場でジョン・マンが、どの程度の実力を発揮できるかは、見当がつきません。鮮明に記憶しているのは、何にでもテキパキと自ら進んで行動し、とびきり明るい性格の「日本人の少年」といったイメージだけでした。

ジョン・マンのような性格の青年をクルーの一員に加えることは、長い捕鯨航海を続けていく上でのムード・メーカーとして、きっと役立つに違いない、といった程度の軽い誘いのようにも思えました。けれども、万次郎にとっては、これはとびきりうれしい誘いだったのです。バートレット・アカデミーで学んだ航海術、測量術、高等数学、海事法などは、全てがアメリカの基幹産業である捕鯨産業に役立てるための、勉強だったのですから……。お世話になったこの町の人々への、恩返しにもつながるのではと、思いました。しかも、自分の力をこの国の基幹産業に活かせるチャンスなのですから「ハイ！一緒に行きます」と即答したいところでしたが、「三日間だけ、考えさせてください」とお願いしました。

気になっていたのは、自分をチョコチョコと追う、ウィリアム坊やのこともありましたが、何よりも菜園や家畜の世話を誰がするのか、奥さんのアルバティーナさんは、どう思うだろうか、ホィットフィールド船長がおられたならば、どのように判断するだろうか……。

それらを一度、整理して考えてみようと思ったからです。一日考えてから、船長夫人に相談しました。自分の考え、気になっていることを率直に相談してみたのです。

「ジョン・マン、よく相談してくれたわね。私たちは家族なのよ。ジョン・マンが航海に出ると、それは寂しくはなるけれども、これは主イエスさまが与えてくださったチャンスなのよ。主人もきっと喜ぶと思うわ。学校で学んだことを、力いっぱい試してみることが大切なのよ。この国では、チャンスを逃す者は、自らの人生を逃すことにつながるとも言うわ。それが〝ヤンキー魂〟というものなのよ。行きなさい。ジョン・マン、大海原こそが、あなたの舞台よ」

ウィリアム坊やも、ニコニコと「行ってらっしゃい」と言っているような笑顔なのです。

万次郎はアルバティーナ夫人に、感謝の気持ちを伝え、きっと立派な捕鯨船員になって帰って来ることを誓いました。

「船長さんがお留守の折に、申し訳ありませんが、〝チャンスは逃さず〟のヤンキー魂でチャレンジしてきます。ここアメリカの地でつちかった〝チャレンジ・スピリッツ〟を思い切り発揮してきます」

翌朝、春の花、ピンクの杏、ミモザの黄色、チューリップやすみれが綺麗に咲いた庭を、そして、最後に家畜たちを入念に手入れしてから、万次郎は自分の荷物のまとめに入りました。しばらくは陸《おか》の世界ともお別れか…。鞄に詰める愛読書の一冊一冊に、クラスメートやアレン先生たち三姉妹の顔が浮かんできます。

一八四六年五月一六日。捕鯨船「フランクリン号」全長三一メートル、横幅七・五メートル、総排水量二七三トン、三本マスト、「ジョン・ハウランド号」よりは小ぶりながら、真新しい船です。二四名の乗組員と共に、ニューベッドフォード港を出帆しました。港を出ると、メイン・マストに帆が揚げられました。風をはらんだ真っ白な帆が美しく輝き、万次郎の胸も、夢と希望で、一杯にふくらんでいました。

乗組員名簿の一五番目には「John Mung」の名が記録され、今も残されています。日本人初の米国捕鯨船員の誕生でした。しかし、その資格は航海士ではなく「スチュワード」でした。

船長付の航海日誌を記す事務係り兼給仕担当、といったところでしょうか。バートレッド・アカデミーで勉強したといっても、以前に、二年間ほど捕鯨に従事した経験があるといっても、それらは、前者は理論や学問としてのものであり、後者は捕鯨業務の「お手伝い」としてしか、評価されませんでした。

しかし、万次郎は資格などには無頓着でした。

今回はマスコット・ボーイの「ジョン・マン」ではなく、この捕鯨船のスタッフの一員としての乗船です。救助された漂流少年の立場ではありません。

しかも、ヤンキー捕鯨では、海に出ればそれぞれが能力に応じた実力を、必要な場面で惜しみなく発揮する者こそが、何よりも大切にされることを知っていたからです。

外から見るとつまらなそうに見える仕事も、船での生活では、ひとつとして欠かせない重要な職務ばかりであることも。

資格や階級が、操船や捕鯨をするのではないということです。そして、その努力が正当に評価される社会でもあるのです。

肌の色や、国籍・学歴などとは関係のない、〝シーマン・シップ〟で成り立っている捕鯨船「地球号」であることを、よく理解している「ジョン・マン」なのでした。

「フランクリン号」はコッド岬を回り、ボストンに立ち寄り、三日間で最終の積荷を終えました。その時、ボストン港はもとより街中が慌しい雰囲気で溢れかえっていました。

アメリカの南西部の帰属を巡って、メキシコとの戦争が始まっており、その準備が急がれていたのです。各新聞は海戦の予想記事を、大きな活字で埋め尽くしています。

「フランクリン号」がボストンを出帆した後、海戦の様子が望見できましたが、アメリカ軍が優勢との見方が大勢で、船員たちはいっせいに拍手をして喜んでいます。

「フランクリン号」の乗組員は、比較的若い年齢の者で構成されていました。

最年長が三六歳、二〇代が六人、一〇代が一三人、そのうち万次郎と同い年の一九歳が六人、最年少は一五歳が二人、平均年齢が二〇歳という若者集団で、船長を含め二三名の半数以上が万次郎と同世代か年下でした。数日も経つと、それぞれの知識・経験・技能すなわち捕鯨船員としての総合能力が相互に理解されていきます。

スポーツの団体競技と同じように、チームメイトの実力が相互にわかってくるのに時間はそれほどかかりませんでした。

万次郎は、ホイットフィールド船長が、自分を高等航海士養成学校への入学を勧めてくれた理由が、明確にわかりました。「フランクリン号」には、学んだことの全てを活用する舞台が、日常のいたるところにあったからです。

先輩の航海士に混じって、夜空の星座の位置と正午の太陽の角度から、現在の船の位置を割り出し、「順風の場合、二日後に本船はどこに到達しているか」と予測を競い合う時、ジョン・マンの的中率が抜群に高かったのです。

颪を受ける操船技術の的確さなど、目をみはるものがあり、デービス船長や先輩航海士が測量・操船について、全てをジョン・マンに任せるようになっていくのに、そう時間はかかりませんでした。

航海の操船・測量だけではありません。捕鯨漁においても、機敏な行動と勇気で「銛打ち」に、さらに三等航海士に抜擢されたのです。

デービス船長は、かつて、自分が知っていた日本の少年が、自分の母国アメリカの高等教育を体得し、立派な航海士に成長している姿を目の当たりにしてうれしくなりました。同時に、ホイットフィールド船長が、漂流少年のジョン・マンの資質をわずか半年間で見抜いたことに改めて気づくのでした。

確かに快活で、機敏な動作で好奇心に溢れた少年であることには、デービス航海士も気づいてはいましたが……。

今回、航海を共にして、ジョン・マンの積極的な行動力はもちろんですが、どんな仕事でも喜んで引き受ける姿勢、たとえば夜間の操船など皆が敬遠するような職務も、ニコニコと引き受ける姿勢や、面倒で困難な作業にも率先して立ち向かうのがわかります。デービス船長は、ジョン・マンに船長教育の実際を覚えさせようと思い始めていました。

万次郎も、努力や実力を正当に直ちに評価してくれるアメリカ社会、とりわけ、何の偏見も持たない「シーマン・シップ」「フレンド・シップ」というアメリカ社会の持つ、良い仲間意識を改めて強く感じていました。

大好きな海の生活、未知の体験は興奮の連続なのでした。

鮫をも恐れないジョン・マンの勇気

船はボストンに寄った後は一路、アゾーレス諸島を目指しましたが、そのすぐ先にはマディラ諸島があります。どちらもポルトガル領ですが、マディラ島には、喜望峰からインド洋への航路を発見したバスコ・ダ・ガマやアメリカ新大陸を発見したコロンブスがお気に入りの島だったと、バートレット・アカデミーで歴史の授業で教わりました。船乗りには「縁起のよい島」と言われ、人気のある美しい島だとも。

ここで生産される「マディラ・ワイン」が美味いことも人気の背景にはあった理由かも知れませんが……。

「マディラ・ワイン」はアルコール度数が高く、長い航海でも変質することが少ないこともあったのですが、航海途中の島々で新鮮な野菜や肉や魚と「物々交換」する際に、とても人気のある商品でもあったのです。

島々では、アルコール度の強い酒かワイン、もしくはタバコを交換品として求め、お金は通用しません。

航海にはさまざまなアクシデント（海の難所・天候の急変・疫病の発生・立ち寄る国の

政情不安等々）があります。船員の実力以外の要素も多大な影響を与えることが、しばしば起こることから、船乗りは先輩たちの過去の「縁起や故事」を大切にします。また、多くの船が集まるところには、貴重な「海の情報」が集積されてもいたのです。

マディラ島を一度は訪れたいと考えていた万次郎は、上陸できず大変に残念な思いがしました（後にペリーが日本遠征前に立ち寄り、ロシアが日本遠征のために、英国から大船を購入したとの貴重な情報を得ているのも、このマディラ島でした）。

その後、アフリカ大陸の西岸沿いに、ベルデ岬諸島、セントヘレネ諸島と南下しつつ捕鯨をしましたが、大西洋の鯨資源の枯渇は著しく、わずか数頭しか捕獲できませんでした。

そこで、太平洋のアジア近海へ急ぐことになりました。喜望峰に着きました。噂には聞いていましたが「テーブル・マウンテン」が切り立っており、雄大な山々は、その名の通り「テーブル」のようにそびえ立って見えます。

そのスケールの大きさに、万次郎は「地球」という星の偉大さを感じていました。

喜望峰の周辺の岩礁には、オットセイが群棲し、異様な獣臭が海上を漂っていました。

入江が入り組んだ海岸の砂浜では、ペンギンが可愛らしく、まるでタップダンスを踊っているかのような仕草がとても可愛いらしいので眺めていますと、そのすぐ後に大きなダチョウが二羽、悠然と歩いていました。手つかずの自然のままのアフリカの姿を垣間見た気がしました。

その岬を大きく左に旋回し、インド洋へと方向を変えました。その途端に、日の出・日没の方向が正反対になるのです。

マダガスカル島を過ぎ、モーリシァス島の近くを航行中のことでした。右舷に大きな海亀が泳いでいました。食用に載せてきた家畜を既に食べつくし、このところは塩蔵肉のスープ料理が続いていました。

海亀は船員たちにとっては、ご馳走です。ステーキにしても、スープにしても、美味しいのです。そもそも万次郎たちが、無人島の「鳥島」から救出されたのも、船員たちに、海亀もしくはその卵でも食べさせたいと、ホイットフィールド船長が思いたったからでした。

船員たちは急いでボートを下ろして、盛んに銛を打ち込みましたが、固い甲羅に守られた海亀には通用しません。

手こずっていると、鮫の群れが現れました。船上から成り行きを見ていた万次郎は、上着を脱ぐとザブンと海に飛び込みました。そして、逃げ去っていこうとする海亀に泳ぎ着くと、ナイフで止めをさしました。ボートから打ち込んだ銛のロープへ亀を繋ぎ止め、急いでボートに飛び乗ったのです。間一髪、鮫の襲撃をかわす早業でした。

引き上げられた海亀は二メートルを超す大物でした。仲間のだれもが驚きました。海亀の大きさではなく、ジョン・マンの機敏な動作と判断力、そして勇気に驚いたのです。「ジョン・マン、すごいじゃないか」口々に褒められ、万次郎は照れくさそうに笑っていました。

勇気と行動力でも、万次郎は船員たちに尊敬される存在になって行ったのです。

しかし、万次郎はこの航海で複雑な気持ちを持ち続けてもいたのです。それは、太平洋に点在する島々が、ことごとく西洋先進国の領土や植民地になっていることでした。

万次郎がアメリカで学んだことは「人間は等しく平等であり、自由である社会」「相互理解・民主主義・自主独立の国家」を築くことの尊さでした。

ところが現実の世界はどうでしょうか。以前とは違い、学校で学んだ後の万次郎には、目にする光景が一変して見えたのです。イギリス、スペイン、フランス、オランダといった西洋の列強諸国に、小さな島国はことごとく侵略されているではありませんか。

美しい南の島々には、それら列強の国の国旗が、我がもの顔に翻っており、立ち寄る島々の島民は細々と、おびえた表情で暮らしているのです。侵略主義・植民地支配が当たり前のように、行われているのでした。

若い万次郎の燃えるような正義感は、自分が愛読し、敬愛する「ジョージ・ワシントン」の言葉「自由にして平等な社会の実現」「自主独立の尊さ」を思い起こさずにはいられませんでした。

「なぜなんだ、これは。これでは弱い国、おとなしい国は、列強の食い物ではないか」

教育を受ける前の万次郎には、ごく普通に見えていた世界が、今はまったく異なる世界に映るのです。

「このままではいけない。正しい社会とは言えない」と、心の底から思うのでした。世界の列強は「明白なる運命」(Manifest Destiny)、「未開の国を解放するのは、敬虔なキリスト教徒の義務であり、責任である」としていますが、それが、この小さな島々で平和に暮らす人々の幸せに結びついているのだろうか。

順次巡る島々で、西洋列強諸国に侵略されている光景が、日々当たり前のように繰り広げられているのを、万次郎は苦々しい思いで見つめていました。

第3章 日本への思い

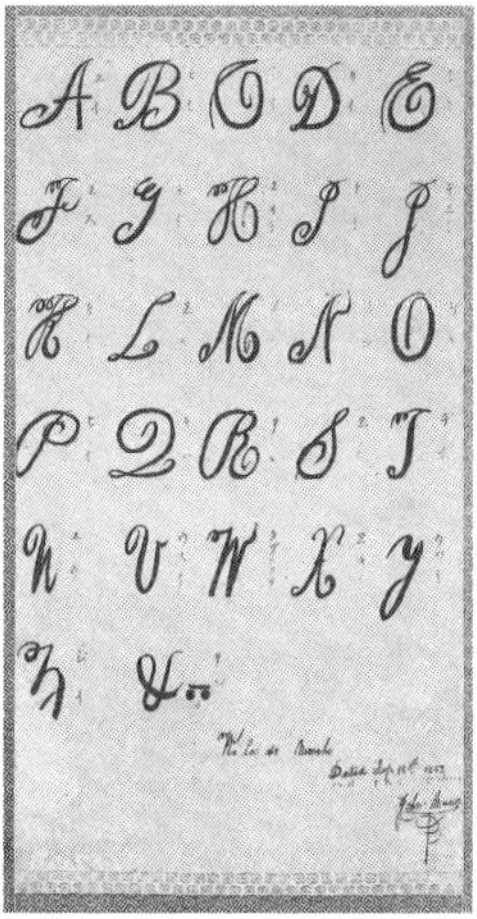

アルファベットの書
中濱万次郎筆

帰国を決意

ニューベッドフォードを出帆して一〇カ月後、一八四七年三月三日、「フランクリン号」はスペイン領グァム島のアプラ港に入港しました。この寄港は船の修理と薪水・食料の補給、乗組員の休養を兼ねたものでした。停泊期間は一〇日間と短いものでしたが、万次郎にとっては後に「自分の人生」を決定付ける、重要な滞在となりました。

船員たちには、久しぶりの陸《おか》の生活で、毎日を存分に楽しんでいました。しかし、万次郎はデービス船長と一緒に、停泊中の捕鯨船を表敬訪問して回る日々を過ごしていました。この訪問は、船長にとっては、大切な仕事でした。また、万次郎への実習教育も兼ねていたのです。今後の捕鯨航海に必要な「情報交換」の機会でもあったからです。

デービス船長は万次郎を同行させることによって、捕鯨に関する情報収集の仕方や世界の国々の動きを知らせ、航海士としての実力をさらに向上させようと考えていたのでした。

しかし、この日、万次郎が耳にした情報は、どれもこれも、心を重くするものばかりだったのです。どの船でも、日本の鎖国政策に対する批判「わからず屋で時代遅れな国、日本」「野蛮国に等しい」という意見が声高に論じられているのでした。

万次郎がニューベッドフォードにいた頃の、日本の評判はこれほど悪いものではありませんでした。いや、むしろ東洋の「エキゾチックな文明国」として、好意的な紹介記事が多かったのです。

曰く、住民は役人に従順であり、礼儀正しい。女性は結婚すると歯を黒くする「お歯黒」というナンセンスな風習を除けば、オリーブ色の肌がきめ細かく、チャーミングであり、恥ずかしがりやで、家族に献身的である。家は木と紙でつくられた粗末なものだが、その中は驚くほど清潔である。

春にリアス式の海岸に咲く桜の絨毯の美しさ、雄大な富士の姿、江戸の賑わい等は、彼らが知る南海の島々や東洋の国々とは明らかに異なる、文化レベルの高い島国として、レポートされていたのです。

ところが、捕鯨漁が盛んになり、鯨の数が激減した結果、捕鯨船は大西洋から、太平洋へ、そして最近は日本近海まで、足を伸ばさなくてはならなくなりました。

日本近海では、常時一〇〇隻余りの米国籍の捕鯨船が、鯨を追っていたのです。本国や補給基地から離れた漁場です。当然、薪水や食料の補給が必要となりますが、日本はこれを受け入れません。

しかも、日本近海は岩礁が多く、台風や突風など天候の急変もたびたび起こり、海の難所としても名高い海域です。必然的に薪水の補給・嵐の時の避難港や病人や遭難者の保護などで、日本の協力が必要でした。

しかし、日本はかたくなに国を閉ざしています。日本も江戸は一〇〇万都市となり、海上輸送が盛んになって来ていました。ところが、平底の千石舟での航海ですから、日本人の漂流者も、年々増加していました。そうした漂流民を助けて、日本へ送還しても、入港さえも許されません。

「難儀をしている時は、お互いに助け合う」のが、世界の常識となっている時代に、日本の態度は、彼らにはまったく理解できないものでした。

とりわけ一八三七年七月三〇日、日本人漂流民七人を乗せて、浦賀へ入港しようとした「モリソン号」に対して、江戸幕府は有無を言わせず、いきなり陸から砲撃を加えたという事件は、世界の常識からは想像できない「野蛮な行為」として、海洋国に知れ渡りました。万次郎たち漂流民五人を、日本へ送らなかったホイットフィールド船長の判断には、このような背景もあったのです。

しかも、この事件以降も、細かなトラブルが続発している様子なのです。万次郎には、日本の事情がよくはわかりません。

世界が産業革命で、どんどん進歩しているのに、なぜかたくなに扉を閉ざし、外国とつき合いをしないのだろうか。

「難儀をしている人を助けるのは人の道だろうに。なぜ外国を怒らせるのだろうか…」

「アヘン戦争」は学校で習ったので、よく理解をしていましたので、アジア諸国、特に日本の将来が不安でなりません。

聞くところでは、イギリス、フランス、スペイン、そしてロシアまでもが、日本を狙っているというではありませんか。

万次郎は自分をここまで育ててくれたホイットフィールド船長に宛て、手紙を書きました。

『

一八四七年三月一二日　グァム島にて

ウイリアム・エリザ号　ホイットフィールド船長殿

敬愛する船長

私は幸いにして元気にしておりますが、あなた様が健康であられることを祈念いたしております。

何よりも先に、私が出発しました当時のお宅のご様子を申し上げます。

ご子息ウィリアム君は、夏の間はすこぶる健康でしたが、寒さに向かって幾分か健康を損なわれたようでした。ウィリアム君は私によくなついて、お母さんにするのと同じように、私の後を追っては泣くのです。なんと愛しい、お利口さんな坊やでしょう。（中略）

奥さまは万事に注意深く、勤勉であり、まことに尊敬すべきご婦人です。

船長殿、どうか私を忘れないでください。私は貴殿からの厚恩を、いっときたりとも、忘れたことはありません。私が国を出てから、この一六日で一〇カ月になりますが、もう一度、ご子息にお会いしたいと思っています。

これから私は日本の琉球に向かい、無事に同島へ上陸する機会を得たいと思っています。私は何とか努力して港を開き、捕鯨船がそこで薪水・食料の補給ができるようにしたいと思っています。

私たちは、今月の三日に当港に投錨し、多数の捕鯨船員と出会いました。その一人、ニューベッドフォードの捕鯨船「アブラハム・ハウランド号」のハーパー船長のされた話は次のようなものでした。

琉球島に飲食物を求めて上陸したところ、役人二名から酒を二樽贈られ、「一両日のうちに立ち去るように。さもなければ本船を破壊する」といわれたそうです。

このハーパー船長から私は、これから日本近海に向かうので一緒に行かないかとのお誘いをいただきましたが、私の船のデービス船長に申し出ましたところ、承諾が得られませんでした。（以下略）

ジャパニーズ　ジョン・マンより』

この手紙にあるように、船名と宛名を書くことによって、寄港先で手紙を受けとれるシステムができていたのです。
三、四年と長い航海を続ける捕鯨船員の最大の楽しみは、家族や知人からの「手紙」でした。そこで、アメリカの産業の担い手である彼らを、アメリカ政府が丁寧にサポートしていたことをうかがわせる郵便のシステムです。
万次郎のこの手紙には、注目すべき点が三つほどあります。

ひとつは、デービス船長が万次郎を手放さなかったということです。この手紙だけでなく、お世話になったアレン三姉妹の長女チャリティーへ出した手紙にも、二度ほど日本へ帰国できそうなチャンスがあったが、船長がどうしても自分を離してはくれなかった、と記しています。

つまり、デービス船長は捕鯨船「フランクリン号」にとって、万次郎は手放せない貴重な戦力だと考えていたか、手元において更に航海知識・技術を習得させたかったに間違いないでしょう。

二点目は末尾の署名です。

「John Mung Japanese」と記しています。

明治維新の二一年も前のことです。当時の日本人は土佐だ、長州だ、薩摩だという藩人の意識はありましたが、「日本人」という意識は未だありませんでした。

おそらく初めてではないでしょうか。自らを「日本人」と名乗った日本人は………。

これは、万次郎が捕鯨船「地球号」で、いろいろな国の人々と長期間の航海をし、自分とは一体どこの何者なのか……と常に考えていたから言えた言葉ではないでしょうか。加えて、万次郎を育てたニューベッドフォード、フェアヘーブンの町のあるアメリカ東海岸の地域は、アメリカの独立に大きく寄与し、その伝統を大切に伝える「自主独立の誇りに満ちた土地柄」なのです。その街で教育され、自ら確立した自立心が書かせたのだと考えられます。

三点目は「日本への帰国の意思と開港・開国への決意」表明です。万次郎は土佐の片田舎で育ち、一四歳の初漁で漂流しました。

ですから、日本の実情には疎《うと》かったのです。

自分の意思とは無関係に漂流してしまった者でも、外国に居住したり、外国人と接触した者には、特に厳しい取調べがあり、少しでも疑わしい者は「死罪」、そうでなくても長い牢屋暮らしが待ち受けていました。過酷な運命に悲観しての自殺者も数多く出ていました。

外国事情が民衆に知れ渡るのを恐れた幕府は、徹底した「情報管理」を行い、帰国者に弾圧を加えたために、生きて生国に帰れる者は稀なことだったのです。

しかし、今の万次郎は世界の実情には明るかったのです。産業革命が進み近代化が進む欧州列強、そして競うように展開されている植民地獲得競争の実態です。

捕鯨船に薪水・食料も補給せずに、固い貝殻に閉じこもっている日本の姿がどうしても理解できないのです。このままでは、早晩、日本へも外国は手を伸ばしていく。

しかし、日本は「野蛮国」では、決してないのだ。世界の動きの情報が少ないか、無関心でいるだけに違いない。自分が知らせに帰ることで、幕府の考えを変えられるかもしれない。

アメリカには、日本に対しての領土的な野心はないのだ。捕鯨船への薪水・食料の補給を求めている。病人や遭難者への保護を求めているだけなのだ。アメリカに対して港を開くように話しに帰ろう。

アメリカと友好関係を結ぶのが、最善な方法のように思えてならない。自分の生まれ育った、母や兄弟姉妹が暮らす日本を、このままにしておいては危ない。この仕事は自分にしか、できないことだ。このように決意をしたのでした。

ここで決意した「チャレンジ・スピリッツ」が、その後、万次郎の固い「信念」となっていくのに、そう時間はかかりませんでした。

日本近海にて操業

グアム島を出港した「フランクリン号」は、小笠原諸島のピール島（父島）のロイド港

（二見港）に寄港しました。

「ジョン・マンよ、どうだ、美しい島々だろう。これぞ楽園といった感じの島だ。なにしろ、鳥も蝶も生き物の全てが人を恐れない。この邪悪に満ちた人間を信じ切ってくれているのだ。裏切ることなど、とてもできはしないぜ」

船長の言われた通り、鳥たちは万次郎の立つデッキの手すりに止まり、さえずり合い、手を差し出しても、逃げようとしません。

この島には、サンドウィッチ諸島（ハワイ諸島）から、白人五人を含めた三〇人の人々が、入植したのですが、当時の定住者は一五人程度に減っていたようです。島には美しい花が咲き、バナナ、マンゴー、パイナップルが、たわわに実っています。しかも、水が豊富で美味しいのです。鶏、牛、豚、山羊などの家畜もいました。

このため、補給に立ち寄る捕鯨船は多いのですが、皆がこの自然を大切にしていると聞きました。海には、青海亀が悠然と泳ぎ回っていました。島の住民たちと「果物・野菜・鶏」と「タバコ・リキュール酒・綿布」を交換したりして過ごしたのです。

島の数は大きなものが三〇、小さな島を含めると六〇近く点在しています。人間が住んでいるのは、このピール島だけで、あとは全て無人島ということでした。

この島に住む人々は、ここはアメリカ領だ、イギリス領だ、デンマーク領だと、それぞれが自分の出生した国名を口にし、どこの国の領有か、皆目見当もつきませんでした。

その後、進路を西に取り、琉球列島の小島に到着しました。船長と一緒にジョン・マンも上陸しました。後に万次郎は、この島を「マンピコシン」と述べていますが、現在のところどこなのかはわかっていません。

この時、万次郎は張り切っていました。久しぶりに会った、黒い髪・黒い瞳、自分と同じ肌の色をした、いかにも人のよさそうな島の人が、二人出てきたのです。懐かしさが込み上げてきました。

いろいろと話しかけてみました。ところが、何を話しても首を振るばかりで、何も通じません。意気込んでいたのでショックも大きく、ガックリと肩を落として船に戻ってしまいました。

デービス船長の話では、「生きた牛を二頭差し上げるから、早急に立ち去れ。二日以内に去らねば、船を破壊する」と身振り、手振りで伝えたそうです。船長は牛二頭のお礼に、木綿四反ずつを二人に渡しました。双方が片言のオランダ語での意思疎通でした。

琉球を出た「フランクリン号」は、鯨を追いながら日本列島に沿って、北上していきました。

途中、万次郎たちが、一四三日間のサバイバル生活を続けた「鳥島」付近を通過しました。

船から見る「鳥島」は、険しい絶壁がせり上がっています。島の中心部からは噴煙が噴き上がっており、樹木はまったく見られません。何か人を寄せ付けようとしない「孤島」の様子をありありと示しています。

万次郎は現在の自分の「幸運」を今更ながらかみ締めながら、その島影を見つめ続けるのでした。六年の歳月が走馬灯のように頭をめぐります。

故郷では、母や兄、姉、妹は元気にしているだろうか……。

と、すぐその先の海で、二、三〇隻の小船が盛んに「カツオ」を釣り上げていました。

万次郎は日本に上陸する時のためにと、準備していた「日本の着物」に大急ぎで着替えると、頭にはハチマキを巻いて、ボートに一人乗って、その内の一艘に近づきました。

「オーイ！　ここは、どこじゃ」

「センデイ。ムツのセンデイーだ」

持ってきた、籠に詰め込んだビスケットを渡し、「土佐へいぬるかや。ここから土佐へいぬるには、どうすれば容易か。土佐へいぬる船はおらんかのう」矢継ぎ早に聞きました。

二人の漁師は当惑顔で、顔を見つめ合ってから「わかんねぇ、さっぱりわかんねぇ」と言って、ビスケットを受け取ると、釣れたての「カツオ」を手渡そうとします。

お返しのつもりのようです。

「魚はいらんのじゃ。土佐へいぬる舟はおるかと聞いておるのじゃ」

しかし、彼らは、これ以上の係わりは、まずいと思ったのか、「わからん」と手を横に振りながら、勢いよく櫓をこいで、遠ざかって行ってしまいました。

「ああ、駄目か。オイラの土佐訛りでは、通じないのか、同じ日本人じゃないか」

万次郎は土佐へ行ける方策が得られれば、船長に懇願して「帰国しよう」と考えていただけに、ガックリと肩を落として、本船に戻るのでした。

万次郎の「土佐弁」が通じなかったのか、あるいは外国船との接触による「お咎《とが》め」を恐れて、去って行ったかは分かりませんが、琉球・仙台沖と両方ともに、意思疎通が上手くとれなかった「経験」を、今後にどう活かすか、万次郎は考えるのでした。

何百年も続いた「鎖国」の扉はそう簡単には開けないことが分かりました。

よほどの準備と計画性を持って、挑まなければ「帰国」は、単なる夢に終わってしまう。

綿密な準備が必要なのだとあらためて悟ったのでした。

七年ぶりの再会

日本近海で七カ月の操業を終えた「フランクリン号」はハワイのオアフ島ホノルル港へと入りました。

七年前に漂流仲間と別れた思い出の地です。

みんな、元気にしているだろうか。万次郎は上陸後、直ちに仲間の消息を尋ねて歩きました。

真っ先に会えたのは寅右衛門でした。彼はハワイの女性と結婚して、大工をして生計を立てているとのことでした。

船頭の筆乃丞は「フデノジョウ」の音読みの「フ」が聞き取れず「デンジョウ」と呼ばれるので、自ら「伝蔵」と改名してしまったそうです。

足に大怪我をした重助が亡くなったと聞いた時は、驚くと同時にあの怪我が原因かと思いましたが、前年に「赤痢」での病死だったそうです。

不運が続いた重助の無念さを察し、万次郎は胸がつまりました。

さらに驚くニュースがありました。

ホイットフィールド船長がホノルルに立ち寄り、伝蔵と五右衛門の兄弟を日本行きの船に斡旋したというのです。

「なぜ寅右衛門さんは行かなかったのですか」

「ワシは結婚していたし、大工の仕事も順調なので、今更、命懸けの冒険には関心がなかったのだ」

そうか、あの二人は既に日本に向かったのか。二人が成功すれば、おのずから自分の帰国への道が開けるのだ。

万次郎はわずかながら、希望の光が差したように感じました。

ところが、半月ほど後に当の伝蔵と五右衛門がホノルルへ戻ってきたのです。

まだこの地にいた万次郎は、驚いて駆けつけました。

「いったい、どうしたというのじゃい」

「日本には着いたけん、どうしても上陸はできんかった」伝蔵が力なくつぶやきます。

「そうがっかりせんでいい。まだ、機会はぎょうさんあるぜよ。今度はみんな一緒に日本に帰ろうぜ」

万次郎は、みんなを励ましながら、考えました。

外国船で、日本に着いても漂流民を受け入れないのは、従来からの幕府の方針ではないか。それは漂流民の受け渡しの交換条件として、外国が交易や開港を求めるからではないだろうか。

外国船で送られる方法では駄目だ。自分たち自身の意思で、自分たちの船で自分たちの力で帰国をすれば、どうなんだろう。では、その方法をどうするかだ。このように自分の考えをまとめてみました。

副船長、一等航海士に選任されたジョン・マン

帰国への誓いを残して万次郎は「フランクリン号」で、ホノルルを出港しました。

ところが、この頃からデービス船長の様子がおかしいのです。

捕鯨船の船長の中でも、とりわけジェントルマンでおとなしい人柄だったのに、突然激しく船員をしかりつけ、暴力を振るうようになったのです。時にはナイフや拳銃を取り出したりします。危ないことはもちろんですが、明らかに精神を病んでいる様子がありありと分かります。これから先の捕鯨航海が不安でなりません。

捕鯨船は母港を出ると三年から四年、世界の海を、捕鯨基地のある島と基地を転々と結びながら、操業を続けていました。

ですから捕鯨船員には、強靱な肉体と精神が必要不可欠でした。

とりわけ船長職は、神経を使う仕事なのです。

厳しい自然条件のもとでの操船、巨大な鯨との格闘では、船員たちのケガや事故も続発していました。

捕鯨に投資した株主の期待にも、応えなければなりません。

船員の団体生活の統率など、重大な責任を昼夜にわたって負わされていたのです。

その重圧に耐えられずに、肉体や精神を病む船長は多く、捕鯨業が最盛期だった五年間に、一〇〇名を越える船長が、精神を病んだり消息不明になったと言われています。

デービス船長もこうした重圧に押しつぶされてしまったようです。

みんなが集まり相談しました。

「操船や捕鯨漁以前の問題だ。危なくて船長のそばに近寄れもしない」

みんなの意見は、船長の自由を奪うのもいたしかたない。船長室に閉じ込めて、フィリピンのルソン島マニラ港に向かおう。

マニラにはアメリカの領事館があるので、そこへ届け出ることにしよう。あそこには大きな病院もあるから治療もできる。治癒した後にアメリカ本国へ帰るのにも好都合だ。

以上のような結論になりました。

一路、ルソン島に向かった「フランクリン号」でしたが、到着を目前にして、猛烈な暴風雨に遭遇したのです。

難破寸前の状態でしたが、万次郎は二日間不眠不休で操船を続けました。

やっとのことでこの危機を脱し、マニラ港に入ることができたのでした。

早速、アメリカ領事館に船長を連れて行き、事情を説明しました。

領事館は、病院で治療しその経過を見てアメリカ本国へ送り届けると、確約してくれました。

病院まで、万次郎たち数名がお供をしました。

とりあえず、一件落着と思ったのでしたが……。

しかし、これからこの船の船長を誰にするかという問題が残されました。

また、みんなが集まって議論をしました。その結果、全員の投票で船長を選出することになりました。

フェアヘーブンの公会堂でアレン三姉妹と見た光景が思い出されます。

一人ひとりが同じ重さを持つ票、その投票でリーダーを選ぼうというのです。

アメリカ社会に根ざした民主主義のもとでの、討論し、選挙によって組織を運営していこうとする姿勢に、万次郎は改めて「ジョージ・ワシントン大統領」の教えを思うのでした。

「自由にして平等な社会。それがアメリカなんだ」

そして、投票の結果は、さらに万次郎を驚かせました。

なんと、一等航海士のアイサック・H・エーキンとジョン・マンが、まったくの同数の票数だったからです。

「決選投票をやろう！」「そうだ、決選投票だ！」

そこで、万次郎が立ち上がりました。

「船長は年長で航海経験も豊富なエーキン一等航海士に、私は全力で彼をサポートすることをお誓いします」

全員が拍手で、賛意を表しました。

今度はエーキンが立ち上がりました。

「ジョン・マンの申し出を重く受け止め、自分が船長職に就こう。そこで、最初の仕事として、ジョン・マンを副船長、一等航海士に任命したい」

どっと喚声がわきあがり、拍手が鳴りやみませんでした。

その夜、万次郎はなかなか寝つけませんでした。

国籍や肌の色など関係なく、個人の持っている実力や人間性でリーダーを選出する、実力本位で考えるアメリカ社会、そこで自分が評価されたことが、たまらなく嬉しかったのです。

この船のために、持てる力を思い切り発揮していこうと、改めて誓うのでした。

船長ご夫妻の優しさ

マニラを出た後は、新船長エーキンの統率のもと、「フランクリン号」は順調に捕鯨航海を続けました。

万次郎が気がかりなのは、立ち寄る捕鯨基地での日本の評判が日に日に悪化していることでした。

日本がアメリカの捕鯨船員の保護を適切に行っていないという声が新聞・雑誌に掲載さ

れており、万次郎の気持ちを暗くすると同時に帰国への焦燥感となっていったのです。早く日本の政府にこの事実を伝えたい。伝えないと大変なことになりそうな雰囲気なのです。

そうした中で、立ち寄った南太平洋のセラム島で、万次郎はオウムを一羽買いました。

「一八四八年七月九日、ウッドワード船長の船と出会い、ウィリアム坊やのご不幸を知りました」で始まる手紙で、ホイットフィールド船長へ、心からの弔意をお伝えしてはありましたが、船長やアルバティーナ夫人の悲しみ、寂しさを思い、このよくしゃべるオウムが、何万分の一でも良いからウィリアム坊やの代役を務めてくれまいか、そのような思いで、お土産にしようと考えたのです。

それまでは、自分の話し相手もしてもらおうと……。

一八四九年八月末、三年四カ月の捕鯨航海を終えた「フランクリン号」は、懐かしいニューベッドフォードに帰港しました。

万次郎は給金の三五〇ドルを受け取ると、オウムの籠を手にホイットフィールド船長の家に急ぎました。

船長さんは満面の笑みで、ジョン・マンを抱きしめてくれました。奥さんのアルバティーナも、こぼれるような笑顔です。

船長さんとは、バートレット・アカデミーへ進学してまもなくですから、五年ぶりの再会でした。

一七歳が二二歳の逞しい若者に成長して、目の前に立っているのです。

船長さんが常にジョン・マンのことを見守っていてくれたことが、すぐに分かりました。これまでのこと、学校の成績、フランクリン号での活躍、一等航海士に昇格したこと、全てをご存知だったのです。

「ジョン・マン、素晴らしい活躍だった。君は私たち家族の誇りだ」

尊敬する船長さんに褒められた万次郎は、感無量でした。

これらの全てが、ここにおられる船長さんのお陰なのです。

なつかしい家庭の味、夫人の手料理も実に美味しいものでした。

でも、喜んでばかりでは居られませんでした。ウィリアム坊やが三年前に亡くなった様子をつぶさに聞いたのです。

船長さんは航海中でしたので、ウィリアム坊やを一度も見ることも、抱きしめてあげることもできなかったと聞いたからです。

こぼれるような笑顔、つぶらな青い瞳、まるで天使のように可愛いウィリアム坊やが、チョコチョコと自分を追った姿が、万次郎の脳裏には焼き着いています。

船長さんには、その思い出さえもないのです。つとめて明るくふるまう船長さんの、深い悲しみを思うと、申し訳ない気持ちで胸がつまりました。

自分は、船長さんに何の相談もせずに、航海に出てしまったのです。もし、自分がこの家にいたらば、少なくとも奥さんの用立ても出来たし、病院へついて行けもしたでしょう。深い悲しみをお慰めすることだってできたはずなのです。

気づいた時には、万次郎はウィリアム坊やの眠るリバーサイド墓地に向かって駆け出していました。

緑の芝生の絨毯が広がる中に、真新しい小さな白いお墓がありました。

万次郎は、その前で溢れる涙を拭おうともせず、心からお詫びし、ご冥福をお祈りするのでした。

悪化する日本の評判

友人たちと久しぶりに再会しましたが、日本の評判が極端に悪くなっているのでした。

今までにも、モリソン号事件、ローレンス号事件といった問題で、日本の鎖国政策がヤリ玉に上がったことがありましたが、今回は、この町の人々が、こぞって声高に非難しているのです。

事の起こりは一年前の一八四八年七月に、この地、ニューベッドフォードを母港とする捕鯨船「ラゴダ号」が引き起こした事件が原因なのです。

同船が日本の北海道の南東付近で、操業中に起こした反乱です。

乗組員一五名がボートで脱走し、函館近くの海岸に上陸しました。反乱を起こして脱走するというロクデナシのどうしようもない連中ばかりなのです。岸に上がると、家々を襲い食料や家畜を奪い取ったりしました。漂流民ではないアメリカ人の上陸は、初めてのことですし、いきなりの狼藉、蛮行、略奪行為の連続です。

その目的が何であるのか、村人にはまったく理解できないことでした。

この地を統治していた松前藩は、彼らを逮捕し厳重に取り調べました。

そのころ、ロシアの船が度々北海道の村を襲撃する事件を起こしておりましたから、松前藩でも警備を厳重にし、神経をとがらせていたのです。

取調べ後、長崎へ送り、長崎のオランダ商館を通じて上海・ヨーロッパどちらかのルートで、アメリカに送還するのが恒例でした。

長崎へは船で護送する手続きを取ったのですが、人数も多く、台風など天候の悪化の危惧を理由として、幕府は陸上で護送するように通達してきたのです。

したがって、護送の日数も大幅に長くかかることになりました。

この事件を知った長崎のオランダ商館長のレフリンは、広東のオランダ領事に報告し、そこから広東のアメリカ領事へと、事件が知らされることになりました。

事情はよく分からないが、アメリカ人が一五名も捕らえられて、牢屋に入れられていると聞いたアメリカ領事館は、何しろ怒りました。

急遽、アメリカ東インド艦隊を長崎に派遣し、その者たちを強引に奪い返していったのです。

一八四九年四月のことです。

万次郎がニューベッドフォードに戻る四カ月前の出来事でした。

万次郎も、当然このニュースは新聞で知っていましたが、この事件の波紋がこんなにも大きく広がり、日本への非難の声になっているとは、想像もしませんでした。

母国、アメリカの軍艦に救出された反乱捕鯨船員たちは、早速、新聞・雑誌のインタビューを受けました。

彼等は自分たちの函館における乱暴・狼藉には一切ふれずに、口々に日本への非難を並べたてたのです。

「保護されている間、毎日、米と魚しか与えられなかった」

「木の根を食べさせられた」

「蝦夷という北の町から遠く長崎まで、まったく自由を奪われ、鳥かごのような檻に閉じ込められる苦痛を強いられた。何十日もかかった輸送の間は、行く先々の村で村人の見世物にされた」

これらの、証言の本当のところは、日本人の万次郎には理解できました。

何しろ、当時の日本人が毎日のように米のごはんが食べられ、魚をおかずにするなどは、大変なご馳走で贅沢なことだったのですから。

「木の根」とは滋養を考えて「ゴボウ」を与えたのではなかろうか？

閉じ込められた「鳥かごのような檻」とは身体の大きなアメリカ人には苦痛を与えたでしょうが、日本ではよほどの金持ちか、庶民ならば病気の時にしか、利用できない「駕籠」という乗物のことではないのか。つまり、日本では彼らに最大の配慮をはらっていたに違いない。

「見世物扱い」も偶然のことで、鎖国下の日本では外国人など見たこともありません。元来が、好奇心の旺盛な国民性の日本人です。

田舎町では、珍客を見たさに群がったことは容易に想像できます。

万次郎には、すべてが「文化の違いからくる誤解」のように思えるのです。

そして、それらの証言記事の中で、もっとも読者を怒らせたのは、長崎奉行所で行われた「踏み絵」でした。

彼らが「聖書」を携行し、毎日のように読むことが許されていましたし、「踏み絵」じたいが、日本人がキリスト教信者であるか、どうかを判定する儀式のようなもので、アメリカ人に対して行ったこと自体が、硬直した日本の役人らしいところで、「儀式」そのもの以外の、何物ではない単なる慣例のつもりで行ったのでしょう。

ところが、彼等は自分たちの、日本での行いのやましさを隠す意図か、ことさらに大げさに「自分の命を救いたいがために、屈辱に耐えながら、主イエスや聖母マリアの絵を踏まざるを得なかった」と、その無念さを語ったのです。涙ながらに……。

敬虔なクリスチャン、教会関係者がまず怒りました。それが捕鯨船の経営者、乗組員と家族、船員が加入していた保険会社、町のほとんどがそうだった捕鯨業への投資者へと、怒りと日本への非難が広がっていったのです。

「日本は恥ずべき行為を強要する野蛮な国だ」

「アメリカ人がこれほどまでの屈辱にあわされているというのに、合衆国政府は何の行動も起こさないのか」

こうした意見がアメリカ社会の世論となるのに、そう時間はかかりませんでした。

「自国民の生命・財産を守るために、東インド艦隊を日本に派遣して、断固とした対応をとらせよ」議員へのロビー活動が活発に行われていきます。

万次郎は事態がどんどん悪い方向へ進んでいくのが、気がかりでなりません。

一日も早く帰国をして、アメリカの真意を伝えないと、大変なことになるのではないか。帰国の準備を急がねば、気が焦ります。

一八三六年に、「大西洋・太平洋の捕鯨・通商ルートの整備」の要求がアメリカ議会で承認されていましたので、早急に取りかかるべきとの意見が多いのです。

古くからの友人や捕鯨経営者の大物、デラノ家の皆さん、保険・教会関係者と意見を聞いて回りました。

みなさんの意見が、もはや東インド艦隊の派遣は避けられないというものでした。具体的な提督の名前、ジョン・オーリック提督やマシュー・ペリー提督等の名前を挙げ、彼に決まったと断言する者までいるのでした。

アメリカが東インド艦隊を派遣した際に「モリソン号」の時のように、日本側から砲撃を加えたりすると、これは一大事です。

アメリカ艦隊にイギリスやフランス、ロシアまでもが、これに呼応することは容易に想像できます。連合軍になる可能性が高いのです。

そのような事態になれば、日本はどうなるのか……。

太平洋に浮かぶ島々や東南アジアの国々の姿が、万次郎の頭から離れません。

カリフォルニアの金山へ

万次郎が捕鯨航海で得た三五〇ドルは、この地で一年程度を、のんびりと暮らせる金額でしたが、日本への帰国資金には不足していました。

万次郎の計画では、漂流者全員が、自分たち自身の力で、帰国を果すことでしたから、そのためのボートを買う資金が必要となりますし、資材もそろえねばなりません。

しかし、この局面でも万次郎は幸運でした。

なんと、西部のカリフォルニアで金山が発見され、空前のゴールド・ラッシュに沸いていたからです。

万次郎はこのゴールド・ラッシュに着目したのです。

早速、いろいろと調査を始めました。まだ間に合いそうです。

ホイットフィールド船長に相談しました。

船長さんは以前の手紙で、万次郎の帰国の意志を知っていましたので、驚きはしませんでしたが、次のようなアドヴァイスをしてくれました。

「帰国をする時期については改めて相談しようじゃないか。現在、合衆国政府が日本との交渉をしようと準備を進めている最中だ。個人の力ではどうにもならんことも、社会には多々あるのだ。帰国の資金を得るために、カリフォルニアに出向くことには反対はしない。しかし、十分な調査と準備、できれば仲間との共同作業が望ましい。くれぐれも健康と安全確保に留意することだ。海とは違い、山では日々異なる人と遭遇する。みんなの気心が知れた船上生活ではないのだ。舞台は荒れに荒れた未開の大地であることをひとときも忘れてはならないぞ」

万次郎は、有難くお礼を述べ、ご意見を取り入れて、計画を進めることをお伝えしました。

まずは、友人のテリーに相談を持ちかけてみました。

即座に、彼も一緒に行くこととなりました。

カリフォルニアでは、金採掘に関する道具類がべらぼうな高値になっているとの情報です。

スコップ・ツルハシやザル、ランプ、テント、寝具そして身を守る拳銃などの準備をして、テリーと分担して持って行くことにしました。

こうして、三年四カ月の捕鯨航海から寄港後、航海の疲れなど、なんのその、わずか二カ月後の一八四九年一〇月には、万次郎はフォーティーナイナーズとして、ゴールド・ラッシュに沸く、カリフォルニアのサクラメントに向かって出発して行きました。

船賃を節約し、なおかつ、収入を得るために、カリフォルニア州サンフランシスコ行きの材木船の船員に雇われて、金山へと向かったのです。

「フォーティーナイナーズ」として

サンフランシスコには、一攫千金を夢見る人々が、世界中から集まって来ていました。彼等のことを、一八四九年に起きたゴールドラッシュ現象から「フォーティーナイナーズ」と呼んでいます。

この時に得た資金をもとに、トロイ遺跡を発掘したドイツ人、ハイリッヒ・シュリーマンやスタンフォード大学の創設者、デパートのオーナーなど、多くの成功者を生むと同時に尾花打ち枯らして下山した多くの脱落者、まさにアメリカン・ドリーム悲喜劇の舞台でもありました。

日本人は農耕民族ですから、鉱山の発掘などを「山師」等と呼んで、あてにならない無謀な挑戦者のように考えがちです。

ところが、ヤンキー魂は彼らのチャレンジ・スピリッツを、高く評価します。

皆さんがよく知る「ボーイズ・ビー・アンビシャス」の言葉が印象的な札幌農学校のクラーク博士も、若い時は山に登り、鉱山で学費を稼ぎましたし、日本から帰国後も鉱山技師として、山に入って行きました。

アメリカ人やアメリカで生活したことがある日本人は、皆さんが口をそろえて、この時の万次郎のフロンティア精神、チャレンジ・スピリッツを「素晴らしい行動」と評価するのです。夢と冒険とロマンをこよなく愛するヤンキー魂だと……。

自からの知恵と勇気に裏づけされた実行力こそを、高く評価するアメリカ人社会の特性かもしれません。

机上の空論ではなく、自から実行していく行動力を尊重する風土が根付いているように思われます。

万次郎は五月下旬にサンフランシスコに着くと、外輪の蒸気船に乗ってサクラメント川をさか上り、途中から蒸気機関車レイロー（railroad）に乗り換え、最後には幌馬車に乗って金山に入りました。

まさに荒野を越え、激流を下り金鉱へと登る西部劇さながらの行程でした。

当初はサクラメント川の砂を、ザルですくえば砂金がとれたのですが、万次郎が到着した時には、ツルハシやスコップで金鉱を掘り当てる状況になっていました。

そこで、そのコツを掴むために、友人のテリーと共に雇われ鉱夫として働き、要領を会得してから、独立して二人で採掘にあたりました。

サクラメント金鉱の気温は、昼は暑く、夜の冷え込みは厳しいものがあり、川の水の冷たさは、足がしびれるほど劣悪な環境でした。

周りに働く人間も、どこの誰とも知れず、用心をしないとせっかくためた砂金を盗まれそうです。

万次郎とテリーは、休まずに掘り続けました。

寝るときは二丁拳銃を懐や枕の下に敷いて……。

七〇日余りで、万次郎の取り分が六〇〇ドルになりましたので、道具類一切をテリーにあげて、さっさと下山し、サンフランシスコに戻りました。

サンフランシスコの街並みは、この二カ月半の間に、様変わりをしていました。

商店が軒を連ね、物資も人もあふれかえっていたのです。

誘惑も多く、賭場が開かれ、夜ともなると妖しげな酒場から、夜の姫君たちの嬌声が響きます。

早くフェアヘーブンに帰らなければと思いながらも、活字とニュースに飢えていた万次郎でした。

捕鯨船時代に慣れ親しんだ新聞・雑誌を大量に買い込み、むさぼるように読みましたが、どれもが心を迷わせる記事で溢れていました。

ホノルルの「フレンド」、シンガポールの「ストレート・タイムズ」、広東の「チャイニーズ・リポジトリー」、アメリカ本国の「アメリカン・ウイック・レビュー」、「ニューヨーク・ヘラルド」「ニュー・マンスリー・マガジン」等です。

いつの時代でも、外国のニュースは、人々の関心の的です。

船乗りの楽しみも、寄港先での、故郷や近隣諸国のニュースでした。

新聞社はニュース・ソースとしても、読者としても船員は貴重な存在なのでした。

「いよいよ、アメリカは東インド艦隊を日本へ派遣！」の文字が躍っています。

万次郎は大いに迷い、そして決断したのです。

一度決断すると、この男の行動は実にスピード感に溢れています。


一八五〇年九月、金鉱で手にした六〇〇ドルをふところに、伝蔵たちのいるハワイ・ホノルル行きの船を捜していたのでした。

サンフランシスコの港は、この地に金を掘りに来た人々を乗せてきた多くの船が、片道便で帰るお客さんがいないことから、幽霊船のように漂っており、まるで船の「墓場」のようでした。

そんな中に、ホノルルから金山労働者に「じゃがいも」を売りに来た蒸気船「エライシャ・ワーウィック号」が見つかりましたので、これと交渉し、帰り便なので半額の一〇ドルで、ホノルルまで乗船することに成功しました。

南海の孤島「鳥島」で餓死寸前だった自分を救ってくれ、あまつさえ米本国で家族同様に、高等教育まで受けさせてくださった恩人に、帰国の時期は改めて相談しようと送り出してくれたホイットフィールド船長に、何のお礼も、相談もせずにハワイに向かう自分が申し訳なく、せめてお別れの挨拶ぐらいをなぜしてこなかったのか、悔いながらの船の旅となりました。

一日でも早く、日本に帰りたい。帰らねばならないのだ。それが自分に与えられた使命なのだ。一旦決めた方向に、もう迷うのはよそう。

全力でぶつかって行くのだ。あの方には、手紙でお知らせしてお許しを乞おう。

このように決心した万次郎の頭は、日本への「帰国計画」に没頭するようになっていたのでした。

ハワイで帰国の準備

一八五〇年一〇月一〇日、万次郎はホノルルに着きました。そして、三年ぶりに伝蔵、五右衛門、寅右衛門に再会し、「帰国計画」の詳細を熱く語りました。

伝蔵と五右衛門はすぐに賛成しました。しかし、寅右衛門の考えは違いました。

「ワシはこの地に骨を埋める覚悟なんだ。だから結婚をしたんじゃ。大工の仕事も順調だし、死罪の危険をおかしてまで、日本へ帰ろうとは思わないきに。どうか三人でこの話は進めてくれや」

病死した重助はやむを得ないとしても、漂流者全員が、自分たちの力で帰ることが、万次郎の計画でした。

「全員が口をそろえて、遭難したいきさつを、日本のお役人に話せば理解してもらえる確率が高くなる」と考えていたのですが、寅右衛門の気持ちもわかります。そこで、三人で帰ることになりました。

しかし、ホイットフィールド船長の友人であり、地元ホノルルの新聞「フレンド」の編集長で牧師でもあるデーモン氏は、三人に会うなり、実施を延期してはどうかと言うのです。

「アメリカが東インド艦隊を派遣するらしい。日本の開国もそう遠い将来の話ではないだろう。死罪の危険まで冒して、なぜそんなに急ぐのだ。ジョン・マン、よくよく考えて行動すべきではないのか。死んでは何もできないではないか」

だが、三人の決意は固く、デーモン牧師は、折しもホノルルに入港した「サラ・ボイド号」を紹介してくれました。

この帆船は、中国の上海に向かう予定でした。万次郎は急いで、その船のホイットモア船長と面会し、自分たち三人を日本近海まで、乗船させてほしいと願い出ました。

人間一人の乗船は、食料・飲料・飲料水・就寝スペース等、多額な経費が必要となることから、初めは難色をしめしていた船長でしたが、万次郎はこの機会を逃したくはありません。

「船長さん。私が航海において、三人分の働きをしますから、どうかよろしくお願いします」

万次郎の熱意が伝わったのでしょう。

「君の三人分の働きに、私は期待してみることにしよう」と乗船を許されました。

乗船する船が決まったので、次は上陸用のボートの購入です。イギリス人がアメリカから買ったボートが見つかりましたので、これを購入しました。そして「アドベンチャー号」(冒険号)と命名しました。日本への帰国はまさに冒険そのものだったからです。

デーモン牧師はいろいろな形で万次郎たちの帰国を手助けしてくれました。

ホノルル駐在のアメリカ領事に働きかけて、万次郎たち三人の「身分証明書」のようなものを書いてもらってくれました。

『私、ハワイ諸島ホノルルのアメリカ合衆国総領事エライシャ・H・アレンは、この証明書を示される全ての人々へ、敬意を表するものである。

(中略、万次郎たちの遭難から今日までの経緯を述べています)

ホイットモア船長は好意をもってこの三名をアメリカ合衆国の帆船「サラ・ボイド号」に乗船させ琉球島付近において下船させることを承諾した。ハワイの友人たちは、彼等三名の航海準備のためにさまざまな援助を惜しまなかった。

私は、この後に彼等が会うであろう一切の人々にも、好意をもって彼等を遇されることを依頼するものである。

私は海員交友会の牧師デーモンより、ジョン・マンは品性高潔にして学識もまた優秀であるとの報告を得ている。

彼は、米国人が、日本人と親交を結び船で日本を訪問し、その産物を金銀で買えるようになるのを希望しているということを、日本国の人たちに語ってくれるものと確信する。

一八五〇年一二月一三日、ホノルルの当領事館において書名・捺印するものである。

合衆国総領事　エライシャ・H・アレン』

これは、日本人に対してアメリカ政府が発行した初めての「身分証明書」となるものです。帰国時にどれほどの効力があるかはわかりませんが、アメリカの人々の「善意」に、万次郎はことごとく感謝と感動を覚えるのでした。

「みんな、何て親切なんだ」

さらにデーモン牧師は自分の編集する「フレンド紙」に「日本への遠征」という特集記事を掲載し、万次郎たちの帰国計画に対する支援を呼びかけてくれたのです。この記事は大きな反響を呼び起こし、義援金や物資、励ましや応援メッセージが続々と届けられたのです。

万次郎たちは、胸を熱くし「必ず成功させないといけない」と、さらに綿密な計画づくりに取り組むのでした。


日本への上陸用のボート「アドベンチャー号」を商船「サラ・ボイド号」へ積み込むなど、着々と準備が進められていきます。

ハワイについてからの三カ月、ボートの買い入れ、上陸を予定している琉球周辺の海図の購入、気象条件の調査、羅針盤、テント、食料、生活用品や日用雑貨などの購入・調達に忙殺されてきました。

やっと、自分自身の持ち物の整理に取りかかりました。日本に持ち帰るのは、万次郎がいつも手元において、親しんだ書物などでしたが、それらの品を油紙で厳重に梱包しました。航海中の浪や潮風から守るためです。

ボーディッチ著『新・アメリカ航海士必携』はバートレット・アカデミーの教科書として使用した大切な書籍です。最も尊敬する人物の愛読書「ジョージ・ワシントン一代記」、ウェブスターの「英語辞書」「数学書」「アメリカ風土記」「農家暦」等の書籍類十数点と、

「世界地図」を数枚、どれもこれも、万次郎の宝物です。

荷造りを終えた万次郎は、ずっと気になっていた最後の用件に取りかかりました。命の恩人であり、父として自分を養育してくれた人、片時も忘れることがなかったホイットフィールド船長への「お別れの手紙」です。

最後の最後まで、一日延ばしにしてきた、辛いが、大切な礼儀です。

『あなたは、私を、子供から大人になるまで育てて下さいました。私はそのご恩、ご親切を決して忘れることはできません。それなのに、私はこれまで何のご恩返しもすることができませんでした。

そして、私は今、伝蔵、五右衛門と共に故国へ帰ろうとしております。

ご挨拶もせずに帰国するなど決して許されることではありません。

しかし、人間としての善意を失わずにおれば、やがて世の中が変わり、再びあなた様にお目にかかれる日が必ず来ると信じております。

私がお宅に残してきた金銀、衣類などは何か有益なことにお使いください。本と文房具は、私の友人たちに分け与えてくださいますよう。

ジョン・マン
一八五〇年一二月一七日』

デーモン牧師に心からのお礼を述べた後、万次郎たち三人は「サラ・ボイド号」に乗船しました。

ホノルル港には、新聞でこの出港を知り、駆けつけたハワイの人たちが「アロハ」「マハロ」「グッド・ラック」「グット・バイ」と大声援で送ってくれています。

「サラ・ボイド号」のメイン・マストに、スルスルと真っ白な帆が挙げられ、それをハワイの潮風が一杯に膨らませ、ゆっくりと船は離岸して行きます。

万次郎たちは甲板から身を乗り出して手を振り続けていました。みな、いい人ばかりでした。

「ありがとう！　ハワイのみなさん。ありがとう！」万次郎は絶叫していました。

見送りの人々の姿が小さくなっても、三人は手を下ろそうとはしませんでした。

「ありがとうアメリカ！　ありがとうハワイ！」

感謝の気持ちが、いつまでも彼らを、そうさせずにはおかなかったのです。

一八五一年一月九日の「フレンド紙」には、デーモン牧師による記事が掲載されました。

「われわれは、ジョン・マン船長が乗り出した冒険の旅の成功を心から期待している。ジョン・マンは利口で勤勉な青年である。あらゆる機会を有効に活かし、英語を間違いなく話し、書くようになった。彼が故国への帰還に無事成功すれば、日本と外国との国交樹立に大いに貢献するであろう。日本人と英国人、そしてアメリカ人との間の意思疎通をもたらす優秀な通訳となることも間違いない。

ジョン・マンの、アドベンチャー号の成功を祈る！」


「サラ・ボイド号」は順調に航海を続けていました。

しかし、万次郎にはホイットモア船長との約束がありました。この航海で「三人分は働くから、乗船をかなえてほしい」ということです。

ですから、早朝から深夜まで、操船・測量からデッキ掃除まで、休むことなく働きました。捕鯨船で鍛えた身体ですから、この程度ではへこたれません。その働きぶりを、つぶさに観察していたホイットモア船長は、航海士としての資質・能力の高さに驚き、そして感心しました。

アメリカが歳月と真心で育てた航海士、この優秀な青年を、みすみす「死罪」となるような危険な目に合わせるわけにはいかない。自分にはジョン・マンを思いとどませる義務があるようだ。そう考えてからは、連日のように説得を試みました。船長室に呼び込んで、こう切り出しました。

「ジョン・マンよ、日本は遠からず開国せざるを得ないのだ。しかも、もうすぐにもそのようになるだろう。何もこの時期に強行突破での帰国をしなくても、よいではないか」

「この船は上海に着いたら、アメリカ本国へ戻るのだ。君も一度、一緒にアメリカへ帰ろう。そして、改めて情報を集めて、帰国の時期を探ってみてはどうだい。それが賢明な方法だよ。勇気は状況によっては、無謀な愚者の選択になるのだ」

しかし、万次郎は、自分たちの身を心配してくれる気持ちに感謝する旨を伝え、船の仕事に戻って行くのでした。

そして、ホノルル港を出て一カ月半後、「サラ・ボイド号」は、万次郎があらかじめ頼んであった琉球沖一〇マイルのポイントへと到着したのでした。

第4章

夢ではないのだ、母との再会

万次郎の生家　寺石正路画

ついに生まれ故郷日本へ

いよいよ上陸を決行する時がきました。万次郎は伝蔵と五右衛門を誘い、ホイットモア船長の船室にお礼とお別れの挨拶にうかがいました。

「今日は浪のうねりが高く、風向きも決して良くはない。西方の空に広がる黒い雲が、どうも気になるのだ。もし、条件がこれ以上に悪くなり、気が変ったら迷わずに戻ってくることだ。ジョン・マンよ、進むだけが勇気ではないのだぞ。大事を前に一歩引いて、戻るのも勇気なのだ。私は本船をしばらくの間、このポイントに停船させておく。いつでもいい、条件が悪いと思ったら戻ってくることだ。それこそが真の男の勇気なんだぞ！　わかっているね」

そして、三人とガッチリと握手を交わしました。

「さあ、行こうぜ！」万次郎の声が響きました。時間は午後四時、陸地まで一〇マイル（約一六キロメートル）の予定の時刻・ポイントです。

この時間、距離ならば、夕闇にまぎれての上陸が可能だと計算したのです。

万次郎の計画では、一〇マイルを二時間で目的地に到着、冬季の午後六時ならば夕闇が迫る時刻だ。海岸にいる人も多くはあるまい。ましてや一〇マイル沖で離船した外国船「サラ・ボイド号」が見える島民は皆無に違いない。

「アドベンチャー号」を海に下ろし、手早く帆を張りました。万次郎がこの海域の海図を求め、調べたかぎりでは、この季節は春嵐や台風のないベスト・シーズンのはずでした。

確かに海は荒れていますし、みぞれ混じりの冷たい雨が降り出していましたが、風向きは悪くはありません。三人は意気揚々と、遠い彼方にかすんで見える陸地に向かって、出発して行きました。

随分と時間が経過し、ボートも進み、万次郎が何気なく振り返ると、ホイットモア船長はまだ「サラ・ボイド号」を停船させたままで、じっとこちらを見守ってくれています。

万次郎が感謝を込めて手を大きく振り、お別れのジェスチャーを示すと、船長も手を上げジョン・マンの決意が固いのを確認したのでしょう、ゆっくりとゆっくりと「サラ・ボイド号」は遠ざかって行くのでした。

決死の覚悟での上陸作戦

万次郎が舵を握り「アドベンチャー号」は帆走を続けていましたが、風が強くなり、それに伴って猛烈な寒波が襲ってきました。

帆を揚げているのは、危険と判断した万次郎は、オールで漕ぎ寄せることにしました。みぞれ混じりの雨脚も強くなり出しました。まるで、一〇年前に遭難した土佐沖と、まったく同じような天候になってきたのです。

遠い昔を思い出したのでしょう。伝蔵と五右衛門が恐怖で泣きながら懇願するのです。

「万次郎よ、戻ろうぜよ。まだ、間に合うぞ。戻ろう！　お願いだ。戻ろう！」

今や、立場が完全に逆転していました。判断はキャプテン万次郎がするのです。

「何を馬鹿なことを、これから沖になど向かえるかいな。弱気を出さずにオールを漕ぐことじゃ。懸命に漕ぐんだ。そこに、すぐそこに日本があるんきに！　ふんばれや」

「無理だ。船が進まない。オレには無理じゃ」

「よし！　お二人さんよ、オイラと替わろう。そこをどいてくれちゃ！」

万次郎はオールを二本、左右の手に握りしめ、力いっぱいに漕ぎ出しました。

そして、大声で歌いだしたのです。

風よ吹け　吹け　もっと強く　もっと強く吹いてみろ

Ｉ　ａｍ　ｎｅｖｅｒ　ａｆｒａｉｄ！　恐れはしないぞ
Ｉ　ｎｅｖｅｒ　ｇｉｖｅ　ｉｔ　ｕｐ！　オレは海の男だ
Ｉ　ｄｏｎ′ｔ　ｌｏｓｅ！　オレは決して諦めない
オレの意志をためすのならば　風よさらに強く吹いてみよ
オレには見える　黒雲の向うの明るい空が
オレには見えるすぐそこに　私が生まれた故郷が
私が生まれた日本が　私の祖国　日本が

浪よ荒れろ　高く　もっと高く　もっと高く逆巻いてみろ
Ｉ　ａｍ　ｎｅｖｅｒ　ａｆｒａｉｄ！　恐れはしないぞ
Ｉ　ｎｅｖｅｒ　ｇｉｖｅ　ｉｔ　ｕｐ！　オレは海の男だ
Ｉ　ｄｏｎ′ｔ　ｌｏｓｅ！　オレは決して諦めない
オレの意志をためすのならば　浪よさらに高く逆巻いてみろ
オレには見えるすぐそこに　新緑をなす島影が
オレには見えるすぐそこに　オレを待つ家族の姿が

母が待つ日本が　私の祖国　日本が
清らなる山河に輝く　　私の祖国　日本が

どのくらい漕いだのでしょうか、もう腕があがりません。でも、ここまでくればもう安心だと、風下の入江でしばらくの仮眠を取ることにしました。しかし一向に眠れぬ万次郎は、これまでの歳月を振り返っていました。

漂流から無人島でのサバイバル生活、奇跡的に救われて、「感謝の文化、平等の社会」であるアメリカ行きを自ら決断したのが一四歳、そして、「鎖国日本への危機感を感じて」誰にも相談せずに帰国を自分自身で決めました。

「断罪」にされるかもしれませんが、悔いが残らぬように、世界の中で、日本のおかれている現状を話そう。真心を込めて訴えようと誓うのでした。

やがて、東の空が明るくなり、「アドベンチャー号」を岸に着け、錨を下ろしました。

万次郎たちが上陸したそこは、琉球の（沖縄県糸満市大度）大渡浜でした。

嘉永四年一月三日（一八五一年二月三日）、一〇年目にして、ついに「日本」への帰国が実現したのです。一四歳だった万次郎も、二四歳の立派な青年になっていました。

三人は上陸すると、コーヒーをわかし朝食を準備しましたが、そこを島人に見つかり、役人に通報されました。

後に薩摩藩から長崎奉行所への届出書に「三人は早朝にボートで上陸した。追い払おうにも、本船はまったく陰も形も見えなかった」と記しています。万次郎が立てた計画「薄暮に島に接近し、夕方か夜明けに上陸する。外国船で送られたのではなく、自分たちの力だけでの帰国である」は効果があったことを証明しています。

このとき、万次郎の言葉は島民には余り理解されませんでした。そこで、伝蔵が中心になって、これまでの顛末を説明しました。

三人は、初めは那覇へ連行され、途中から翁長《おなが》へ向かい、徳門《とくじょう》という屋号の高安家に預けられました。琉球の役人、薩摩藩の現地駐在の役人たちは、鹿児島と頻繁に連絡を取っている様子です。その期間は、実に七カ月にもわたりました。

その間、高安家の人々、村の衆たちは、万次郎たち三人を罪人扱いせずに、じつに心温まる接し方をしてくれました。琉球を上陸地に選んだことは正解でした。

伝蔵と五右衛門は、役人に命じられたまま、家の中でおとなしくしていましたが、万次郎は違いました。忘れていた日本語を思い出し、また、新しい表現の仕方を習得する貴重な時間だと思ったからです。

生来の人なつっこい性格と行動力で、高安家の高い塀を飛び越えては、村の若者たちと語り合い、夏祭りの踊りの輪に、綱引き大会に参加するなど、南国の開放的な雰囲気に、すっかり溶け込み、地元に馴染んでいったのでした。

あるとき、快活な万次郎が、いつになく真剣な表情で、村の青年たちを集めました。そして「このままではいけない。日本は開国をする必要がある」と熱く語りかけるのでした。

さらに、最後に一言つけ加えたのです。

「お別れの時がきました。みなさんの親切と友情を、私は生涯忘れることはありません。しかし、今後、もし私の噂を耳にすることがなければ……志むなしく死罪になったものと思ってください」聞いていたものは皆、涙を流していました。

その翌日、伝蔵、五右衛門とともに万次郎は那覇へ送られ、そこから鹿児島へと護送されていきました。

島津斉彬《しまずなりあきら》公との出会い

那覇を出て一二日目、八月二六日に三人は鹿児島に着きました。上陸に使用したボート「アドベンチャー号」はじめ、帰国に際して持ち込んだ品物は、全て同じ船に積み込まれていました。琉球の出先機関から、ある程度の情報が届いていたようです。万次郎には、連日のように集中して取調べが行われました。

そんなある日、藩主が直々に万次郎に会って、取り調べると言うのです。異例なことで、万次郎は緊張しながら、鶴丸城へ登城しました。

しかし、人払いがされると、まず食事がふるまわれました。藩主による取調べは、取り調べるというよりは、ご下問といった方が正確な表現でしょう。これまで万次郎が、繰り返し受けてきた役人たちの、それとはまったく違うものでした。

「万次郎、楽にするがよい。して、メリケなる国の様子を聞かせてはくれまいか」

万次郎は、驚きました。今までの取調べは、同じような質問が連日続き、人が変わると、また同じ質問の繰り返しで、自分の意見を言おうとすると「そちは、こちらの質問に答えればよい」と、発言の機会がまったく与えられなかったからです。

この殿様は、取調べではなく自分に話を聞かせよ、と言ってくれている。この殿様は、話を聞いてくれるのだ。喜びに目を輝かせて万次郎は話しました。この一〇年間に学んだすべてを、情熱を込めてお伝えしました。

アメリカ合衆国の制度・社会・経済、そして捕鯨船で世界を巡り見聞した様子を、詳細に語ったのです。

「メリケなる国の様子を、もそっと詳しく述べてみよ。して、そちらの帰国の真意を申してみよ」

まずは、イギリスからの独立の経緯にふれてから、アメリカは新しいただ今開拓中の国であること、現在は南西部地区を開拓中であり、日本に対する領土的な野心がないこと、しかし、今のまま日本が「鎖国政策」を続ければ、近い将来に危機的な状況を迎えるであろうことなどを話しました。

そして、アメリカの日本への要求は、次の三点に絞られると説明したのです。

①捕鯨船が寄港し、薪水・食料を補給する港を求めている。
②嵐などでの避難港および遭難・病人等の保護を求めている。

③石炭・資材などの置き場として租借地を求めているが、領土的な野心ではない。アメリカ本国が一三州から三〇州へと、ただ今、開拓中の国だから、領土の心配は無用である。

そして、西欧列強の植民地政策を説き、今のままの状態では、外国を「打ち払えない時代」がきていることを、率直に話しました。一刻も早い開国の必要性を説明したのです。最後に「今、お話したことをお伝えするために、自分は死罪を覚悟のうえで、帰国をいたしました」と必死で訴えたのです。夕闇が迫り、部屋にはガス燈が点火されていました。

藩主はじっと耳を傾けて、時には質問をはさみながら、熱心に聞いてくれました。そして、即座に理解したのです。

「この男、命がけの直訴をしておる。それも国を思う一心からで、やましい心はなんら見られない。志に曇りがない。こいつは〝サムライ〟だ」

この藩主こそ、数々の英傑を生んだ薩摩藩島津家の中にあっても開明派の名君として名高い島津《しまず》斉彬《なりあきら》公でした。この年のはじめに、江戸屋敷から薩摩藩主に着任していたのです。江戸での見聞・交友も活発だった斉彬は、万次郎の開国の訴えの正しさを的確に見抜いていたのでした。

「そちは西洋帆船を、建造することができるか」

「造った経験はございません。しかし、優秀な大工を数人、私のもとに寄こしてくだされば、その者たちと共同にて建造してみたいと思います」

その翌日には、薩摩藩の腕利きの船大工が、万次郎のもとに集められました。万次郎は急ぎ設計図を画き、テキパキと指示を出し、船の建造にとりかかりました。やがてでき上がった洋式帆船は「越通船《おっとせん》」と名づけられ、さっそく、錦江湾において試運転が行われました。

桜島を背景に白い帆に風をはらませて、すべるように進む帆船の姿を、磯御殿から見物した斉彬公は、「あっぱれじゃ、見事じゃ」と拍手喝采して喜んだといいます。

その後も、呼び出されては、ご下問を受けていた万次郎でしたが、ある日、斉彬公から聞かれたのでした。

「どうだ、万次郎よ。このままわが藩にとどまり、わしに仕える気はないか」

「もちろんございます。ただ、国には年老いた母がおります。一目、元気な姿を見せてから、殿様のもとにお仕えさせていただければと思います」

「もっともな願いじゃ」

と斉彬公は応えましたが、このまま土佐の母のもとに、送り届けるわけにはいかないのです。

「国に帰るには、この国の定めにそった手続きを踏まねばならんぞ」

海外に漂流して帰国した者は全て長崎へ送られ、そこで長崎奉行の厳しい取調べを受けなければなりません。しかし、「直訴」に近い、単刀直入な万次郎の物言いに、斉彬公は、ある種の危うさも感じていました。

「国禁」にふれる言質をとられることは、極めて危険なことでした。牢屋での取調べは厳しく、精神を病んで自殺する者や自暴自棄になって、してもいないことを自白する者も多くいた時代なのです。

斉彬公は、万次郎の優秀さを認め、この逸材を守らなくては、と考えました。

「よくわかった。だが、万次郎よ、よーく聞け。今後いついかなる場においても、帰国の真意を質された場合は、母恋しさの一念で帰ってきたと申し通せ。禁を犯してまで帰国の理由、まかり間違っても、国を開くためなどと申してはならぬ。万次郎、その命失くすぞ！」

斉彬公のこの忠告を胸に深く刻み込んだ万次郎は、この先の取調べにおいて、帰国の真意を「母恋しさの一心、抑えがたい望郷の一念」と言い続けたのでした。

厳しい取調べと牢屋での過酷な生活

鹿児島での生活も一カ月半、いよいよ万次郎たち三人を、長崎へと送り出す日が来ました。

この護送には、竹で編んだ駕籠に入れられた「罪人扱い」で薩摩藩の国境まで運ばれました。

しかし、海上に出ると、その姿は一変しました。

彼らを乗せた船は、丸に十の字の「薩摩藩の旗」を高々と掲げ、長崎を目指したのです。威厳に溢れたその堂々たる様子は、とても罪人の護送船には見えませんでした。全てが斉彬公のはからいだったのです。

そして、長崎奉行の牧志摩宛ての「送り状」には、自らの署名入りで、次のように記されていました。まずは、漂流の経緯、上陸の様子を記し、追い払おうにも彼らは三人で帰国したこと、取調べの結果、何らやましいところがないこと、また、宗教上の疑念もまったくないと薩摩藩での取調べ内容が報告してありました。そして、最後にこう書き加えました。

「万次郎が儀、利発にして覇気あり、将来必ずやお国のために役立つ人材であるがゆえ、決して粗末に扱わぬように」

ハワイ駐在米国総領事に続き、薩摩藩主からも万次郎は「身分証明書」をもらったことになります。

置かれた状況はいつも困難な厳しいものでしたが、常に明るく、快活にふるまい、正直に懸命に努力する万次郎の姿勢には、当事者たちが、そのまま放り出せない青年らしい魅力があったのでしょう。その一途な一生懸命さが、人の心に響いたのだと思うのです。

長崎奉行所での取調べは、およそ九カ月の長きに及びました。牢屋に入れられ、白州へ土下座させられての取調べは、徐々に改善されていきましたが、遠く江戸と長崎とのやり取り、その時々で政情により、万次郎たちへの扱いも強弱の変化が生ずるのです。

処遇が決まらない不安な日々を過ごしていました。長い牢屋生活で、精神を病み、不安と恐怖から自ら命を絶つ者が続出していた、悪名高い長崎での牢屋生活だったのです。

さすがの万次郎も「もういい加減にしてくれ。同じことをクドクドと聞いて、一向にことが前に進まない」と怒るのを、「万次郎よ、今しばらくの辛抱だ。こらえてくれ、我慢するのだ。今が大事じゃ」と、伝蔵が必死になって、なだめる日が続いていたのです。

ここでの取り調べは、奉行の牧志摩守自らが行い、その回数は一八回もの多きにわたりました。

薩摩藩が長崎へと送った詳細な品物リストやアメリカの風俗・習慣などは今では貴重な資料となっていますが、やられる当人たちにとっては、さぞや張り詰めた緊張の日々の連続であったことでしょう。

そして、「踏み絵」が行われました。海外に漂流した者が帰国した場合、キリスト教徒になっていないことが、無罪放免の絶対条件だったのです。

「これが、あの悪評高い〝フミエ〟と言うヤツか。『ラゴダ号』の連中が大騒ぎをしたヤツか」

万次郎は、自らの取調べが、最終段階にきていることを察知しました。

万次郎の足元に「キリスト像とマリアの絵」が置かれました。フェアヘーブンのユニテリアン教会には、毎週、日曜日に通った万次郎です。しかし、ためらうことなく、その絵を踏みました。

ただ、その絵を正視することができなかったのは、確かなように思われます。後に「踏み絵」の図柄を描くように言われ、やむを得ず描いたその絵は、万次郎が数多く描いた絵と明らかに異なるのです。

他の絵は、どれもみな相手に何かを伝えよう、理解させようという万次郎の思いが込められていて、じつに写実的です。が、この万次郎の描いた「踏み絵」だけは何が描いてあるのか、さっぱりわからないのです。

男なのか女なのか、何をしているのか、十字架もなければ、天使もいません。宗教画を想像させるようなところが、微塵も感じられない、男女の絵を描いているのです。この絵は、万次郎がろくすっぽ絵柄などを見ずに、この儀式をサッサとすませてしまったことをうかがわせていると同時に、彼にとっても、気持ちの滅入る儀式だったことを、物語っています。

この儀式を終えた後、嘉永五年六月二五日（一八五二年八月一〇日）、長崎奉行所の牧志摩守は、三人の漂流民を「無罪放免」としたのでした。

三人は、土佐藩から身柄を引き取りにきた役人一三名、自費で加わった医者二名、顔を確認するために宇佐浦と中浜村の代表が一名ずつなど一七名、合計二〇名で郷里土佐を目指し、長崎を出発しました。

医者が二名、自費参加したとあるのは、土佐藩の藩政を一手に任されていた大目付吉田東洋の幕府方への配慮でしょう。幕府の力が磐石な時代です。「土佐藩は長崎奉行所の扱いを疑い、医者付で迎えにきよった」と咎められないように、自費参加とわざわざことわって迎えに加えているのです。

長い取調べから解放された万次郎は、土佐訛りの人々の迎えもうれしく、九州から四国へ渡ってからの道中では、英語の歌を皆に披露し、みんなで歌いながら、山道を歩きました。

その歌はフォスターの「おお、スザンナ」と言われています。

「アイ　ケン　フロン　アレバマ　ズイ　オワシボール　オオ　マイニー」

「どのような意味か」

「向こうの坂を恋しき人が　パンを喰い喰い降りてくる。目には涙を溜めて。これをバンジョーと申す三味線で歌いながら金山に向かった」

と説明したそうです。

もう一人の医者は「トマトカナシテ　シテタデカラバサケンテン」と記しておりますが、これは金鉱で歌ったインディアンの歌か、捕鯨船で習ったか、ハワイの歌かもしれないと思っています。

「鎖国」の日本で、迎えの役人に英語の歌を教えて歌う万次郎の明るさとリーダーシップは、アメリカ仕込みそのものだったと言えるでしょう。

万次郎は苦しい時にも、辛い時にも、いつも唇に「歌」を持っていたようです。捕鯨船の中で、金鉱で、咸臨丸の船中で歌うことで、心と身体に精気を得ていたのです。

郷里、土佐藩にて

長崎を出て半月後の嘉永五年七月一一日（一八五二年八月二五日）、ついに万次郎たち三人は高知の地を踏むことができました。懐かしい故郷にやっと着いたのです。高知城内にシャン・シャン・シャンと響くクマン蝉の声も、何もかもが懐かしく感じられます。

母や兄弟姉妹は元気だろうか。三人は周囲の目もはばからず泣きました。生きて故郷にたどりつけた喜びの涙が、とめどなく流れ出てくるのでした。

しかし、ここでも土佐藩による「事情聴取」が待っていました。若き土佐藩主、山内容堂二五歳も、薩摩藩主と同じように、当時の日本では進歩的な考え方の持ち主で、藩政改革に取り組んでいる最中でした。西洋の事情を知るまたとない機会だとして、大目付の吉田東洋たちを使っての聞き取り調査が、二カ月半も行われたのです。

この間に、土佐藩のお抱え絵師の河田小龍《かわだしょうりょう》のところへ預けられて、体験談や見聞を話すように命じられました。その最初の日に、万次郎は小龍に話しました。

「私を生きて故郷へ帰らせてくださったのは、薩摩藩主の島津斉彬さまでした。斉彬さまは外国事情にも詳しく、私に興味を持たれたのです。私は率直に申し上げました。日本は海に囲まれており、これまでは海を城壁としてきました。その間、西洋先進国の科学・産業の発達は目を見張るものがあります。

このままでは、日本は世界の離れ小島になってしまうでしょう。船と航路が発達した時代です。閉ざしていた海を開き、世界と結ぶ交通路にすべきなのです。こんなことをしていると、日本は外国の植民地になってしまうでしょう。航海術を覚え、海外と貿易をしていく時代なのです」

そして、語り示した内容は「漂巽紀畧《ひょうそんきりゃく》」として、まとめられました。

当時の海外事情を知るうえで大変に貴重な書物となっていますが、なにしろ予備知識のない人に、アメリカの先進技術や機械などを、どのように伝えたら理解してもらえるのか、ここでも万次郎は随分と苦心をしています。

たとえば「レイロー」は鉄道のことですが、そもそも汽車を見たこともない者に、説明するのに図で示しています。火と煙を噴き上げる機関車の後ろに、四ページにわたって客車が延々とつながっている絵を描いて、列車がいかに長いかを伝えています。

電信は「高い木柱に張った針金に文を結びつける」絵で、遠く離れた者に意思を伝える手段であることを示しています。この説明図は、明治の文明開化後に思わぬ誤解を招き、人々が電柱によじ登っては、電線に手紙を結びつけるという珍エピソードの元になる、笑い話になったりもしたのでした。

このとき、後藤象二郎は満一四歳でした。万次郎が漂流した時と同じ歳ということで、万次郎は彼には「世界地図」を与えています。象二郎はこれを部屋の壁に貼り、後年、万次郎のスピリチアル的な効能で、地図を見ると不思議と、自分も世界に出かけられたと周囲に話していたそうです。

一七歳だった坂本龍馬は、河田小龍の私塾に通っていましたが、万次郎の「世界地図」を見せられ、次のように唸ったと伝えられています。

「たまぁるか、これが世界か。ここがメリケか。決まったぜよ。ワシもメリケに行くぜよ。ワシは操船術を学ぶきに、小龍先生は後輩たちをワシのもとに寄こしとうせ。海を渡って、ワシとともにメリケに行くぜよ」

万次郎と龍馬が、直接会ったという記録は未だ見つかっていません。

しかし、同じ時期に小龍宅に出入りし、何やら異国の面白い話をする万次郎を、好奇心が人一倍強い龍馬が、ほっておくはずがないでしょう。しかし、この時、万次郎はただの漂流漁師ですし、龍馬は藩校へも通えない郷士の子せがれでしたので、後の展開は夢想だにしなかったでしょう。

後に万次郎は後藤象二郎、岩崎弥太郎と長崎のグラバー邸に土佐藩の船や武器を購入に出向いたことがあります。このとき、龍馬が「中濱先生に会わせてほしい」と後藤に伝えたと、同行した池道之助が日記「思《おも》い出岬《でぐさ》」に記しています。

坂本龍馬は、万次郎や後藤象二郎から得た影響を、「船中八策」「大政奉還」に、その考え方が反映させていったに違いありません。身分制度の厳しい土佐藩からの脱藩へと、龍馬を走らせたのかもしれません。

最後に、山内容堂の親族、豊道、豊著、豊栄の御三家へ、帰国時に着ていた洋装で出かけて、海外事情の報告をしています。

嘉永五年一〇月一日（一八五二年一一月一一日）、万次郎ら三人は呼び出され「よその土地に行かないこと。海上業は差し止める。ただし、一生涯、一人扶持をつかわすので、生まれ故郷でおとなしく暮らしていくように」という沙汰が下されました。

「おっ母さん、ただいま帰りました！」

それぞれの家族へも土佐藩から、帰宅の知らせが走りました。万次郎たちも、ようやく「運命の船出」をした宇佐浦へと出発しましたが、メリケなる国から帰国した三人を一目見ようと、その道筋には人々が山のように溢れ、その好奇な目をくぐり抜けての帰郷となりました。

これがアメリカ人だったら、さぞすごい騒ぎになったに違いないと、万次郎は思うのでした。

彼らが「見世物にされた」と証言したのも、おそらくこのような状況だったのでしょう。「ラゴダ号」の船員に群がった村人たちには、他意がなかったのです。ものめずらしさへの好奇心だけだったのです。

ついに伝蔵と五右衛門の故郷・宇佐浦に到着し、伝蔵と五右衛門の家で一泊しました。万次郎はそこから一〇〇キロ離れた中浜の母のもとへと、一人で急ぎました。もう、連日の駆け足です。日が暮れた村で、泊めてもらいながら、急ぎに急ぎ四日目の一〇月五日の午後、峠にさしかかりました。この峠を越えると、そこは母の待つ中浜です。一一年と一〇カ月ぶりに、美しい海岸線が目に入りました。

万次郎は懐かしさに心が奮い立ちました。

「とうとう帰ってきたのだ……」

坂道を転がるように駆けおりていきました。中浜に着く頃には、幼い頃に見たのとまったく同じ光景で、西の空は真っ赤な夕焼けが燃えるようです。

まずは、村の庄屋に「帰国の挨拶をせよ」と言われていました。庄屋の家に入ると人々の顔が、いっせいに万次郎へ注がれました。見覚えのある顔、顔が並んでいます。兄の時蔵、姉のせきと志ん、妹の梅、その真ん中には、片時も忘れることはなかった母親の汐が座っていました。その周りを村の衆がぐるりと取り囲んでいるのでした。

「おっ母さん、ただいま帰りました！」

と言うなり万次郎は母親の膝にすべりより、母を抱き寄せました。兄弟、姉妹のすすり泣きだけではありません、村の人たちみんなの目に涙があふれています。

母親は年を重ね、いくらか小さくなっているように思えました。抱き合いながらも母親は庄屋のほうを何度も振り返り、「本当に、万次郎ですか、わたしの倅《せがれ》の万次郎ですか……」

と、いくども問い返すのです。

「汐さん、何を言っているんだい。間違いなくあんたの大事な倅、万次郎さんだよ」

庄屋がきっぱりと笑顔で告げました。

「本当に、万次郎ですか……、本当ですか、夢ではないでしょうね」

まるで別人のように逞《たくま》しくなった倅を仰ぎ見ていた母は、目に一杯の涙を溜めて泣いています。

「万次郎……」

その名を口にするのが、精一杯でした。万次郎を抱く手が細かく震えています。母の汐は、万次郎は、初めての漁に出た海で亡くなったものと思っていました。そこで、近くの大覚寺の境内に三〇センチ弱の丸い自然石を置いて、一日として欠かさず、毎朝お参りを続けてきたのです。お参りをする母の姿を知らぬ村人はいませんでした。

自分が遠く宇佐浦などへ出さずに、地縁・血縁の根強い漁師社会のこと、恒例にならって生前に夫が世話になった網元に見習いに出してさえいれば、遭難にあわなかったと、自分を責め続けていた母なのでした。

そんな母の耳に「万次郎が生きており、メリケなる国から帰ってきたらしい」という噂が、鹿児島方面（あるいは琉球の那覇《なは》か〈魚場《なば》からの変化との説があります〉）の漁から帰った漁師から届いたのが、一年半も前のことでした。その後、「鎖国の禁」を犯した罪で、長崎の牢屋に送られたとの噂も届きました。

汐は「長崎の牢屋」と聞いただけで、腰が抜けるほど驚きました。「長崎の牢屋の取調べはとても厳しく、生きては帰れない」との噂が村では飛び交っていたからです。夫の位牌に祈り、万次郎の空墓参りは日に二度、三度と増えていったのです。ただ、神仏にすがり、祈ることしかできない母なのでした。

そんな母のもとに、高知のお城から「息子さんが帰る」と知らせがあったのが、四、五日前でした。

「信じたい。でも信じないことにしよう。この手で倅を抱きしめるまでは……」

そう自分に言い聞かせて、迎えたこの日だったのです。母と万次郎、兄と姉妹、仲のよいので有名だった家族が、奇跡的に再会し、復活したのです。

まずは、仏壇の父親に報告し、そして懐かしい母の手作り料理の夕飯となりました。いつまでも、明るい笑い声が小さな家からは響き、秋の夜が更けていきました。


そして、三日後のことです。

お城から役人が来ました。万次郎へ、土佐藩からの呼び出しでした。家族に自分の数奇な運命について語る暇もなく、あわただしく高知城へとでかけて行きました。

「なぜですか、何のおとがめですか」と尋ねる汐に、役人は「御用の向きがあるようじゃ。心配せんでよか」と言うのみでした。

けれども、待っていたのは、おとがめではなく、最下級ながら上士身分の「定小者《さだめこもの》」へのお取立てでした。そして鉄砲町六〇番地に居が用意されていました。「教授館《こうじゅかん》」という土佐藩の学校で、英語や西洋事情について、若い武士を教育せよということです。

侍になったので、刀が支給されましたが、万次郎は二本の刀を帯で束ね、肩からかついで歩いていきました。

「もう、こんなものを役立てる時代じゃない。しかも、重くてどうにもならん」

漁師から侍へなど、土佐藩では考えられない大抜擢でしたので、村の衆は寄り集まると、皆で噂をしたそうです。

「万次郎さは、かわいそうに気が動転してしもうたようじゃ……」

この侍への取立てには、藩主、山内容堂の大英断という説、大目付の吉田東洋が病気療養中で、彼の弟が代理で沙汰を下したのを聞いて、あわてて取り消し登用したとする説、さらには、薩摩藩の島津斉彬公がからんでいるという説があります。

万次郎を誰よりもよく知り、評価していた斉彬公が、長崎奉行所と土佐藩の「事情聴取」も無事に終わり、「無罪放免」になったことから、「領民譲り受け」の打診をしたという説です。

なにせ万次郎は航海術の専門家です。土佐の国、幡多郡中浜から薩摩へなど、朝飯前に船ででかけてしまうことでしょう。

「万次郎とやらは使い勝手がある男らしい。他藩にうばわれないように、早めに取り立てよう」というものです。

どれも、真偽はわかりませんが、斉彬公の説に一番真実性があるように思われます。

「三日坊主」のご沙汰の取り消しなど、このような「朝令暮改」は、雄藩を自負する土佐藩では他に例を見ない異常な事例だからです。ましてや吉田東洋ほどのキレ者がです。

こうして万次郎は「教授館」で、土佐藩の若者たちの教育に情熱を傾けるようになったのです。

現在の日本が外国からどのように見られ、近い将来どうなっていくのか、新しい国づくりのため、「日本を動かす若者たち」に、アメリカについて、世界について熱く語りかけるのでした。

当時の聴講生には、一四歳の後藤象二郎や一九歳の岩崎弥太郎、板垣退助、竹内綱（吉田茂の実父）などがいました。後の日本の自由・民主主義・近代産業のリーダーとなっていく優れた人材たちです。

一七歳の坂本龍馬は郷士でしたので、「教授館」では学べませんでしたが、授業の内容は入手していました。河田小龍の私塾で学んでいた龍馬は、西洋事情に強い関心を寄せていました。西洋文化と新知識に、煮えたぎるような情熱を燃やしていたのです。藩のつまらん身分制度に、さっさと見切りをつけて「脱藩」していったように思えてなりません。

強い意思と行動力で、幕末を逞しく生き、骨太の人生を荒っぽいタッチでキャンバスに叩きつけるように画き散ったその生き方に、どこかフロンティア・スピリッツを彷彿とさせるものを感じます。万次郎と同じ、積極的で情熱的な行動力です。ともに荒っぽいが、純な「いごっそう」なのです。

この頃の万次郎の写真を見ると、どれも羽織・袴にブーツ姿です。龍馬も同様のいでたちでした。万次郎は江戸では、六連発のピストルを懐にいれて、攘夷派の襲撃に備えていたそうですが、龍馬も六連発のピストルを携帯していました。

第5章 日本開国

捕鯨船員姿の万次郎
河田小龍画

黒船の来襲

ここで、アメリカ東インド艦隊司令長官マシュー・C・ペリー提督について、少し触れておきましょう。

アメリカがメキシコとの戦争に勝利した後、ペリー提督に与えられた任務は、「蒸気郵船主任監督官」というものでした。当時のアメリカには、優れた外洋蒸気船を建造する工業力が、未だ備わっていませんでした。そこで、イギリスやフランスから、郵便船用として蒸気船を購入して、戦艦として改造できるか否かの判定を下すのが、彼の主要な役割でした。

五四歳になっていたペリーが、海軍軍人として「最後を飾る花道」としては、少々、寂しいものと考えていたとしても、何ら不思議のないところです。

そこで彼は、一八三六年に米国議会を通過して以来、アメリカの懸案事項となっていた「大西洋・太平洋捕鯨・通商ルート開発・整備要求」の担い手になろうと決意したのです。「我こそが日本を開国する適任者である。日本人は誇り高い民族である。したがって、紳士的な説得を行うよりも、彼らの目で確認できるもの、すなわち蒸気機関の軍艦をできるだけ数多く派遣して、威風堂々と力の差を見せつけるべきだ」と、捕鯨業界の大物経営者ワレン・デラノや、アメリカ議会に対して盛んにロビー活動を行っていたのです。

ところが、いざ東インド艦隊司令長官を任命されると（一八五二年一月一四日付け）、ペリーは、旗艦は蒸気機関の「サスケハナ」でなければだめだ、帆船軍艦も全て真っ黒に塗りたてろ！　などと文句を言い、（ペリー提督自身は戦艦艤装者の技能・技術の未熟と遠征記には書いていますが……）結局、旗艦「ミシシッピ」で、東海岸のノーフォーク軍港を出航したのは、一八五二年一一月二四日となってしまいました。

なんと、派遣の決定から一〇カ月以上もの日時を要していたのです。日本関係の書籍が、七五〇冊も船に積み込まれたそうですから、さぞ、日本について、熱心に研究しつつ、遠征航海を続けてきたことでしょう。

まずは、ポルトガル領のマディラ島に寄り、アフリカ大陸最南端の喜望峰まわりで琉球に到着、その後、二隻の軍艦で小笠原諸島の父島、二見港に寄り、土地を租借して石炭置き場とし、現地にいたセイヴァリーをアメリカ合衆国同島管理人に任命しています。

そして、自分の部下一名を、補佐官として現地に残し琉球へと戻りました。父島はマディラ島にそっくりな、じつに美しい島だとの感想を記しています。

万次郎がペリーより六年も前に、捕鯨船「フランクリン号」で父島の二見港、そして琉球へと航海をしていますが、アプローチが東からと西からの違いだけで、コースはまったく同じであることは、注目すべき事実です。

そして、嘉永六年六月三日（一八五三年七月八日）、アメリカ東インド艦隊司令長官ペリー提督率いる黒船が、浦賀沖に姿を見せることになるのです。旗艦は蒸気戦艦「サスケハナ」と同じく蒸気戦艦「ミシシッピ」、帆船軍艦の「プリマス」「サラトガ」の四隻からなる艦隊でした。

ペリーは「一三隻の約束がわずか四隻しか来ない」とぼやいていますが、たった四隻でも、江戸市中は、夜も眠れぬ大騒ぎになりました。日本人には黒い船体のどれもが、威風堂々とした蒸気機関の戦艦に見えたのです。

無理はありません。日本人は、こんなに大きな、しかも蒸気船などこれまで誰も目にしたことがなかったのですから……。

ペリーは、浦賀奉行が「長崎へ回航してほしい」と説得するのを、まったく意に介すそぶりも見せず、江戸湾奥深くに侵入してきました。そして、測量船を下ろして、四隻の戦艦の砲口を陸地に向けながら、独立国・日本の海で、勝手放題に測量を開始したのです。

その間、多少の紆余曲折がありましたが、結局は久里浜で幕府は、第一三代アメリカ大統領ミラード・フィルモアから「日本国皇帝陛下」宛ての親書を受け取りました。しかし、この時点でアメリカ大統領は一四代のフランクリン・ピアースに替わっていたのですが、これにはペリーは何ひとつ言及していません。外交上、極めて異例なケースと言わざるを得ません。

ペリー提督は「返事は来年に受け取りにくる」とのみ言い残し、品川沖まで艦隊を進める示威行動を行い、一〇日間にわたり、江戸中を騒がせた後、六月一二日（西暦七月一七日）に悠然と去って行きました。このやり方は、じつは、彼がアメリカ東アフリカ艦隊の副官時代にイタリア半島の小国相手に経験ずみの成功した戦略・戦術でした。この時も、威風堂々と艦隊で要求書を届け、考える時間を与えると言い残し、翌年に訪問して、容易に交易権を得ていたのです。

万次郎に江戸幕府から出立命令

江戸庶民は大混乱となりました。

「泰平の眠りを覚ます上喜撰（蒸気船）　たった四杯で夜も眠れず」

実際の蒸気船は二杯でしたが、ともかく、黒船が引き上げてくれたので、庶民はやれやれと安堵したのも事実です。

しかし、その後も幕府は大混乱の状態が続いていました。アメリカの真の狙いは何なのか。そもそもアメリカという国が、いかなる国なのか、まったく見当もつかなかったからです。

時の老中首座は、若き明君との呼び声が高かった備後国福山藩主（広島県）阿部正弘伊勢守でした。彼は、来年に再び来るという「黒船」への対応策を、諸大名に諮問しました。

その中に、進歩的な蘭学者、大槻盤渓が、昌平校の林大学頭を介して、万次郎の登用を進言したのです。

土佐の万次郎、阿部正弘もその存在は知っていました。長崎の牧志摩守からの「すこぶる怜悧にして、国家の用となるべき者なり」との報告を覚えていたからです。もっとも、この報告の背景には、薩摩藩主、島津斉彬公が書いてくれた「送り状」が多分に影響していたのかも知れません。

阿部老中は、土佐藩の江戸屋敷に至急便を届けました。

「長崎奉行から貴藩へ引き渡した万次郎と申す者から、外国の様子等を尋ねたいので、江戸に呼び寄せてもらいたい。ただし、心配をさせないように」

驚きあわてたのは、土佐藩の江戸留守居役でした。万次郎を江戸へ呼び寄せるのは、そう難しい問題ではないのですが、幕府が必要とする人材に対する自藩の扱いが、最下級の「定小者」だったからです。人物の価値さえ見抜けぬと思われると、藩の威信にかかわるのではないかと考えたのです。

「なにぶんにも田舎者ですので、幕府に対して失礼があってはいけませんもので……」

と、なかなか呼び出しに応じようとしませんでした。

すると、温厚な阿部が、「万次郎を幕府直参とするので、早々に出立させるように」と申し付けたのです。

幕閣としては、アメリカの情報を、のどから手が出るほど早急にほしかったのです。

そこで、土佐藩では急遽、万次郎の身分を「定小者」から「徒士《かち》格《かく》」へと昇進させたうえで、江戸へと出立させたのでした。

ペリーが江戸から去ってから、わずか八日後の辞令でした。

アメリカ東インド艦隊司令長官ペリー提督が浦賀に来航し、開国を迫ったと聞かされても、万次郎は別段、驚きもしませんでした。

むしろ、自分がどうにか間に合ったのだという感慨と、江戸に送られたと聞いた母親が心配しているのではないか、その思いを抱きつつ江戸へと急ぎました。

道中、ロシア艦隊が長崎に強引に入港してきて、通商を要求したとの知らせを聞きました。万次郎が心配した通りの筋書きで、事が進行しているようです。

なんとしても、この国を守らねばならない。急がねば……。

植民地の悲哀を味あわせてはならない。そのために自分は、命懸けで帰ってきたのだから……。

ペリーが去って二カ月半後の八月三〇日、万次郎は江戸に着きました。待ちかねていた阿部正弘は、即刻に万次郎を江戸城へ呼び出しました。江川太郎左衛門、川路聖謨、林大学頭などの幕府中枢が顔をそろえていました。そして、矢継ぎ早にアメリカなる国について、その狙いについて聞きただしたのです。

その後、徳川斉昭公や阿部、川路、林の邸宅を二、三日ずつ戸別訪問し、ひざ詰めでのご下問がありました。

開国へ

万次郎は熱く語りました。

この国を動かしている中枢にいる人たちと、今、自分は話をしているのです。やっと、ここまで来られたのが、奇跡のように思えるのです。まるで、運命の糸に手繰り寄せられるように……。

これまで応援・援助してくれた全ての人々に感謝し、万次郎の語る言葉には、自然と熱がこもるのでした。

いくら志の高い行為でも、必ずしも叶うとは限らないのが世の常です。

牢屋で死ぬ者、時代の奔流に流され、志むなしく刑に処せられた志士たち……。今回の自分は「断罪」を覚悟して帰国したとはいえ、改めて自身の「運」の強さを感じ、これは自分に与えられた天命なのだと、強く感じる日々でした。

「まずは、遭難者や病人などを保護、救助することです」と万次郎は語りました。

困っている人を助けるのは、世界の国々の「常識」であり、それを行わない国は、未開の野蛮国として見られているということから、説明しなければなりませんでした。

そこで、世界には、共通した倫理観で対処する「万国公法」というものがあり、その基準で紛争ごとを解決していることから説明を始めたのです。

日本人は短気で困ると言われていること。漂流漁民を送り届けに来た「モリソン号」などに、いきなり砲撃する行為は、戦争を引き起こしかねない、極めて危険な行為である、と説明しました。

次には、「鎖国政策」の時代遅れなことです。世界の産業革命のスピードは想像以上に進展しており、文明・文化が日進月歩している事実です。蒸気船・機関車・電信技術が発明されており、日本がその輪の外で傍観していることは、意味がないだけでなく、極めて愚かな選択であることだと説いたのです。


イギリス、フランス、ロシアなどは、日本をのどから手が出るほど、手に入れたい国としており、地政学という学問から見たとき、日本の国土は極めて重要な位置にあることです。

ましてや、ひとつの国と争いを起こせば、相手は必ず連合軍で攻めてくるでしょう（この指摘は、後の馬関戦争において、長州軍と米・英・仏・蘭の四カ国連合軍の戦争で明らかになります)。

そして、万次郎が指摘したアメリカとの問題点は、次の四点に集約されています。

①アメリカは、現在、開発途上の国であり(独立時に一三州で現在三〇州)、日本に対して領土的な野心はない。

②要は、アメリカの基幹産業である捕鯨業務を円滑に進めるために、日本から薪水・食料の供給を必要としており、そのための条約を締結したがっている。

③日本近海での、難破遭難・病人の発症などの場合、船員の適切な保護と治療。

④そのために和親条約を締結し、自由に寄港できる港の使用を願っている。

その他に、問いかけに応ずる返答として、石炭の供給は求めていないが、貯炭場の租借は考えられる。

現状では、通商条約までは求めていない。アメリカでは紡績工業が立ち上がったばかりの状況で、輸出はもう少し先になるのではないか。日本の産物では漆器が美術品として人気がある。

万国公法という国際法があり、これによって国際間の紛争事に対処するのが通例なので、大至急の研究が必要であることなどの提言を行いました。

その後も、徳川斉昭（水戸中納言）らの幕府要人個々から、各屋敷に呼び出されては尋問の日々が続きました。

その全てに、万次郎は快く応じ、どこでも熱心に説きました。

「この若者は、命懸けでこの国の危機を訴えている」

その憂国の情は、隣国の中国とイギリスのアヘン戦争の動向を憂慮していた阿部老中など、幕府中枢の人々の心の琴線に響かぬはずはありません。

時の要人のどなたにも強く印象付けられた「面接試験」だったのです。

明晰な分析力と桁はずれな度胸、そして、並々ならぬ憂国の情は、重臣たちの心を打ち、彼らの心の扉と同時に、国の固い扉をも開く決断を促すことにつながっていったのです。

「アメリカには領土的な野心はなし」の一言が、幕府首脳に与えた安心感は相当に大きかったようです。

これも、アメリカで教育を受けた成果でしょう。問題の核心への洞察力・先見性と打つべき行動方針、これらを理論武装し、当事者に、臆することなく、わかりやすく説明する訓練を万次郎が身につけていたからこそ、可能になったのだと思われます。

当時の日本の若者は、上位者に対して「ご説ごもっとも」と言ってから「恐れながら申し上げます」との前置きで、少々の意見を述べて、その場を取りつくろうのが、「礼儀作法である」と教えられ、育てられていました。

ですから、物怖じせずに、ご政道に対して真っ向から堂々と自説を主張するこの若者を、まるで「異星人」に出会ったように受け止める殿様がいたのも、いたしかたない時代背景だったかもしれません。

幕府直参となる

万次郎は幕府随一の開明派と言われていた江川太郎左衛門のもとへ預けられました。

江川の要望が強かったと言われていますが、この人との出会いも万次郎には幸運でした。江川は高潔で名高い人格者であり、当代一の科学者でもあったからです。

アメリカでも日本でも、まるで「人格者」の元に配置される星の下に運命が定められていたかのようです。

伊豆韮山の代官でもあった江川は、領地に反射炉を建設し、鉄砲や大砲を製造し、砲術家としても有名でした。そこで、海防の役も任され、蒸気船の建造も命じられていたのです。

万次郎と面談した江川はその才能を見抜き、日本の蒸気船建造に役立て、また、操船にも腕をふるわせようと考えたのでした。船の設計・建造・操船は、アメリカのバートレット・アカデミーで学んだ専門分野です。万次郎が、張りきらないわけがありません。

水を得た魚とは、この時の万次郎でしょう。そして、老中首座の阿部正弘によって、幕府直参に取り立てられました。

（筆者は神奈川県立鎌倉高校において、阿部正弘のお孫さんである阿部正道先生から日本史を学びましたが、不思議なご縁を感じています）

中濱の姓を名乗る

「御普請役格」二十俵二人扶持。

江川太郎左衛門の手付け（書生・秘書）となりました。

土佐藩でも侍でしたが、あまりにもあわただしく未だ苗字もつけておりませんでした。

そこで、生まれ故郷の土佐ノ国幡多郡中ノ濱から姓をとり「中濱万次郎」と名乗ることに決めました。

万次郎は二六歳になっていましたが、思いもよらぬ、旗本に抜擢されたのです。これからの人生は、自分の「志」を信じて生き抜いていこうとの、固い決意を込めて自分で決めました。「信志」（のぶゆき）と。中濱万次郎信志が誕生しました。幕府直参ですので「家紋」も定めなくてはなりません。

家紋とは何か。「子々孫々まで、家系に伝えていくもの」と教えられ、迷わずに「丸に三星」に決めました。三星は、オリオン座を表しています。

星を仰ぎ見ながら、七つの海を航海したから選んだという説もありますが、それならば「月に北斗星」の紋や「真向き月に星」など、北斗七星や南十字星を図案化した紋を選んでいたことでしょう。

丸に万の字紋などは、自分の名前を紋にしたような「家紋」もあります。

オリオン座は、日本近海からは、冬の星座として見られます。万次郎は南海の無人島での漂流生活で、何度もこの星を見上げ、語りかけていたことでしょう。

自然との生命をかけたサバイバル生活の日々に、疲れ、空腹で眠れぬ夜に、見上げた空に、輝いていたのがオリオン座です。

亡き父親や故郷の母親に何度も語りかけ、勇気付けられた星たちなのでした。

その困難に打ち勝ったからこそ、今の自分があるのです。

困難に立ち向かう勇気と、決してあきらめないで生き抜くタフな精神力を、自分の家系に伝えていきたい。

その思いを込めて「オリオン座」を選んだのだと思うのです。


さて、名前と家紋を決めた後は、まずは郷里の母へ知らせねばなりません。

いきさつを書き、幕府直参への登用を知らせ、心配しないように伝え、十両の金貨を添えて送っています。

すでに立派な候文を草書ですらすらと見事な字で記しています。万次郎は高知と江戸で、母親を呼び寄せ、一緒に暮らそうと提案していました。人を通して、母親の言葉が伝えられています。

「身体に気をつけて、力一杯、お国のために尽くしてほしい。それが私の願いです。私は故郷の美しい中の浜が一番暮らしやすいし、親切にされているので、心配はご無用です」

息子を思いやる汐らしい言葉ではないでしょうか。

そして、こうも話したと伝えられています。

「一〇と一年一〇カ月、私は一度として万次郎が死んだとは思わなんだ。お参りするたびに神様がお教えくださったきに。だがのう、どこで何をしとるのか、皆目わからんのが、何よりも辛かった。けんど今は違う。聞こえる知らせは、この婆をうれしがらせるものばかりじゃけん。これ以上の幸せを望むのは、罰当たりというものじゃ」

どんな時にでも、倅を信じ、苦言ひとつもらさずに、遠くから吾が子の、健康のみを祈り続けた母親でした。生涯、故郷から一歩も出ることもなく、遠くから万次郎の活躍を喜びながら、八六歳の生涯を終えています。この時代を生きた、典型的な日本人の「お母さん」の一生でした。

通訳から外された万次郎

嘉永七年一月一六日（一八五四年二月一三日）予想よりも早く、ペリー提督率いる艦隊が浦賀沖に姿を見せました（マカオにいたペリー提督のもとに、フランス・ロシアが日本へ遠征するとの情報が入り、遠征時期を早めたと、彼は遠征日記の中で述べています）。

当初は七隻でしたが、二月二一日（三月一九日）、二隻が来航し、合計九隻からなる艦隊は、幕府に威圧を与えるに十分でした。幕府は交渉の全権を、江川太郎左衛門に命じました。

江川は当然のこととして、万次郎を通訳に起用する予定で、会談場所の神奈川へと急ぎました。

ところが、思わぬ横槍が入ったのです。幕府のご意見番と言われた水戸老公（徳川斉昭）は、万次郎の実力を認めつつも、ペリーとの交渉の場に出すことに猛反対をしたのです。

「どうも符号が合いすぎる」と疑いの目で万次郎を見ていたのです。

「中万（中濱万次郎）は本国を慕って帰ってきた感心な者だ。江川が信頼しているようなので、間違いないと思う。しかし、アメリカにも命を助けられた上に、教育まで受けさせてもらった恩がある。若い万次郎を見込んで一人だけに、格別の養育には、アメリカの策略があるかもしれない。彼もアメリカのためにならないようなことは、しないのではなかろうか。江川の腹次第ではアメリカの事情がわかり、役立つと思うが、心配のあまり手紙を書きました」

一流の学者、高潔で名高い江川に、まるで生徒に教えるように事細かく指示したその日に、再度の手紙を出す念の入れようです。

「万次郎を直接の交渉の場に出さないほうがよい。また、幕府の内幕はあまり知らせるな。アメリカへ連れて行かれたら困る。ただし、窮屈にして万次郎をくさらせないように、給与などは十分に与えるように。放し飼いの状態にして、内密に監視役をつけろ。飼って手なずけてきた龍の子が、嵐が襲い来た時、風雲に乗って逃げ去ったという昔話もあるように、アメリカ船に連れて行かれてホゾを噛まないように。くれぐれも念には念を入れるように」

「ヤンキーとの応接には、現在は日本に軍備がないので、残念であるが、おだやかに帰したほうがよい」

と、「念には念を入れた」子供を諭すような、異例な指示を出しています。

これには老中首座の阿部正弘も、別途の対応を考えざるを得ませんでした。

阿部は江川太郎左衛門に一任して、もちろん万次郎の起用も内諾のうえで、神奈川へ向かわせていましたが、水戸老公の抵抗がもたらす二人への今後の影響が気になって仕方ないのです。なにしろ「攘夷だ、攘夷だ。外国船を打ち払え」と血気にはやる若者が江戸中を横行していたのですから……。

江川と万次郎には、国防あり、蒸気船の建造あり、この国の文明開化に、まだまだ二人の能力を存分に発揮してもらわなければならないと考えていたからです。

阿部は苦渋の中で決断し、江川宛に手紙を出しました。

「万次郎のことは良く理解しており、謀反など考えていないのは分かっております。

また、あなたが全ての責任をもってくださるということにも、少しの疑いを持つものではありません。

しかし、外国船に乗り込んでからは、何が起こるか予測がつきかねます。

ましてや、万次郎が連れ去られでもしたら、取り返しがつきません。

その上、水戸老公が、だいぶ心配をなさっておいでです。

どうか、万次郎の通訳の件は見合わせては、いかがでしょうか。

詳しくは、明日の登城の際にお話いたします。どうぞ、すべてが日本国のためですので、ご勘弁ください。

貴殿のご意見については、明日の登城の際に、くわしくお伺いいたします」

江川太郎左衛門への手紙を一〇日間ほど、前後して紹介しました。実際は阿部の手紙が一月二三日付で、水戸老公からのは二月二日付です。一〇日間のずれがあります。ですから、水戸老公はだいぶ以前から、老中首座の阿部正弘に、通訳の件で談判を重ねていたことがわかります。

阿部正弘にさんざん注文をつけ、やむなく阿部が意に沿って動いているにもかかわらず、まだ信じられず、直接、交渉の代表を務める江川に手紙を出してきていたのです。

江川への配慮を十分にうかがわせる阿部の手紙なのです。文章にはできない深い事情が、随所に読み取れます。

これに対して、江川は何も抗弁せずに、その立場を林大学守に譲っています。江川は阿部正弘の真意を十分に読み取ったからに相違ありません。

その結果、日米交渉はオランダ語を日本語・英語に翻訳して行われました。日本人が使うオランダ語は古くさく、アメリカ人の通訳には通じない単語や言い回しが多く、交渉は円滑には進みませんでした。

「日本人通訳の使うオランダ語は一世紀も前のものだ。俺にはとても理解できない」

と、アメリカの通訳を、嘆かせています。万次郎の存在を知っていたアメリカ側は、「日本はなぜ、万次郎を通訳として使わないのか」といぶかしんだアメリカ側士官の日記が残されています。

日米和親条約が締結される

横浜において日米間の交渉が三週間にわたって行われ、嘉永七年三月三日（一八五四年三月三一日）、「日米和親条約」が締結されました。主な内容を要約しますと、

①日本と米国は永世不朽の和親を結び、場所、人を差別しない。
②アメリカに物資・薪水補給のため、函館・下田を開港する。
③漂流民の保護・引渡し。
④アメリカ人の居留地を下田に設ける。
⑤居留アメリカ人に最恵国待遇を与える。

など全一二条からなっています。

ペリー提督は函館・下田を視察し、その他の条件を検討すると、自分が予測した以上に満足できるものでしたので、大変にご機嫌だったようです。

もともと通商条約については、締結の指示はなく、ペリー提督の独断での提案でした。

フィルモア大統領がコンラッド国務長官に命じた、日本遠征で果すべき要望は全て満た

された日本側の回答でした。

これは、万次郎が幕府中枢に、アメリカが日本に求めていると予測した事柄が、的確だった証拠であり、アメリカは後にこの事実を知って「万次郎こそがアメリカの初代駐日大使である」と高く評価をしているのです。


ペリー提督は、日本との条約締結後に琉球に寄って、琉球国との通商条約を締結しています。さらに、軍艦二隻を小笠原諸島の父島に派遣して、立ち木と地面にアメリカ領とする標識を設置するなど、派手な動きをして去っていきました。

しかし、彼の大きな目的のひとつでもあった中国との通商条約については、交渉に入る前に、上海に入港した時点で、東インド艦隊司令長官を解任され、アメリカへ帰国しています。

第一四代アメリカ大統領に就任したフランクリン・ピアース（民主党）は、前任のホイッグ党のフィルモア大統領とは一線を画し、「反帝国主義」を掲げ、国際間の問題は穏健な外交を展開しようと考えていたからでした。

したがって、ペリーの高圧的な外交姿勢とは、所詮なじまなかったのが、解任の理由と言われています（ペリーが病気のために辞任を申し出たとの説もあります）。

ところで、万次郎は、この間、どこにいたのか、明確な記録はありませんが、英文の翻訳をしていたのは事実のようです。

日本が片務的な最恵国待遇を与えたことには、とても無念だったようで「このような一方的な条約は結ぶべきではない」と江川太郎左衛門に訴えたのですが、時すでに遅い状況でした。しかし、何といっても「無血開国」は成ったわけで、命懸けで伝えた「アメリカとの開国」によって、諸外国が共同して江戸の町に一斉攻撃をしかけるような危機は免れられたのです。

特に第一条は、イギリス、フランス、ロシアから見ると、日米間の安全保障条約と受け止められたようで、「日本にうかつには手出しはできない」という印象を与えたようです。これらの国々とも、幕府はその後、順次、和親条約を結んでいきました。

四年後の安政五年六月一九日（一八五八年七月二九日）には、日米修好通商条約が結ばれ、これもイギリス、フランス、オランダ、ロシアと条約を結んでいきますが、裁判権・租借料・貨幣交換比率などにおいて、不平等の考えは引き継がれていき、日清戦争で日本が勝利する明治二八年（一八九一年）まで、これらの不平等条約が見直されることはありませんでした。

特に銀での決済は、金の価値が日本国内では世界基準の1／4でしたので、外国人は銀を大量に日本に持ち込み、金と交換しました。何もせずに四倍の金が手に入るボロ儲け手段に利用されたのです。

大量の金が外国に持ち出されて行き、日本は大変な損害を蒙りました。銀を持ち込むだけで四倍の利益が得られたわけですから。ホーティーナイナーとして金鉱に入り、金の価値に詳しい万次郎は、この不平等条約を、随分と嘆いたそうです。

意に沿わない条約の締結でしたが、ともかく戦争の危機は避けられました。万次郎は一息つく思いでいたのですが、なんと今度は「尊王攘夷派」から命を狙われるようになりました。国賊だというのです。

二度も暴漢の襲撃を受けました。

江川は護衛として、幕府講武所の剣術師範の団野源之進をつけてくれました。

その団野が一度、そして咸臨丸で渡米後は、勝海舟が「人切り以蔵」として名高い岡田以蔵を用心棒としてつけてくれますが、彼が一度、合計二回も襲撃され、ともに、腕利きの護衛の見事な太刀さばきで、襲撃を逃れています。

なんと、運の強い男でしょう。

多忙の日々の中での結婚

幕府から万次郎に天文方の辞令が出されます。

「幕府は何でもかんでも万次郎、万次郎と申しつける。彼には他にやるべき仕事が山ほどあるのだ」

江川はその辞令を取り消させるとともに、長崎奉行所に保管してあった、万次郎が帰国時に持ち帰った品々を全て取り寄せてくれました。

万次郎は江川を通じて、勘定奉行の川路聖諒へ日本での捕鯨業の立ち上げと小笠原諸島の開発を提言し、その実行役を望んでいました。

江川は、取り寄せた洋書の中から、ボーデウィチの「航海書」の翻訳を最優先で行ってほしいと万次郎に依頼したのでした。これは航海士必携の書物で、万次郎の翻訳書は、現代でも使えると言われているほど貴重なものとなっています。

万次郎は、伊豆韮山の江川邸では洋式帆船の建造を、江戸では翻訳と、実に多忙な日々を送っていました。

いつしか万次郎も、二七歳になっていました。

江川太郎左衛門は、万次郎の護衛役を務めた剣術師範の団野源之進の長女、みさ（一八歳）との縁談話をひそかに進めていたのですが、おっとりした性格の長女よりも、何事にも活発な二女の鉄（一六歳）のほうが、「万次郎とは気が合いそうだ」と周囲が勧めます。

鉄は明朗活発、何事にも積極的な性格でした。江川太郎左衛門が仲人を務め、万次郎と鉄はめでたく結婚式を挙げました。そして、江川の江戸屋敷内での新婚生活が始まったのです。

万次郎に、新たに気が合う妹のような理解者ができたわけです。万次郎は張り切りました。そして、毎日の出来事を話し、自分の考えを相談できる人がいる楽しさ、この喜びは何事にも変えがたいものとなったのでした。

考えてみれば、こうして心から話し合えるのは、沖縄での若人たちと過ごした高安家、そして故郷の家族と団欒の三日間、それ以来のことだったのです。

万次郎の日常生活に、こぼれるような笑顔が見られるようになりました。

第6章 日本の夜明け

咸臨丸難航図
鈴藤勇次郎画

軍艦教授所教授となる

欧米列強の海軍力が、予想よりもはるかに進歩していることに、幕府は驚き、対応を急ぐようになりました。ペリーが去った直後の嘉永六年（一八五三年）に「大船建造禁止の令」を解除し、各藩に蒸気船の建造を命じたのです。そこで諸藩から「万次郎を貸してほしい」といった要望が、江川太郎のもとに殺到してきましたが、江川が上手にことわってくれました。

それでも、設計などの相談には、万次郎は気軽に応じていました。しかし、船は建造できても、操船する船員は一朝一夕に育成できません。そこで、幕府は安政四年（一八五七年）に、万次郎（三〇歳）を軍艦教授所の教授に任命したのです。日本は、ようやく人材の育成に乗り出したのでした。

航海術・測量術・設計・英語・天文などと、人によって教えてほしい内容はさまざまで、後に同志社大学を創設した新島襄などは、万次郎に高等数学を学びに通ってきていました。軍艦教授所に集まってくる若者たちの思いは、個人によってかなり異なっていたのです。

このような状況の中で万次郎は、幕府に対して小笠原諸島の開発と捕鯨業を早急に立ち上げるよう、強く進言していたのです。小笠原諸島の開発は急務であり、下手をすると外国の植民地になってしまう恐れがあったからです。

捕鯨業は、鯨資源に着目してということもむろんありましたが、捕鯨漁によって得られる副次的な要因に重きをおいての提案でした。鯨資源により財政を富ませながらも、外洋航海士を養成していこうと考えていたのです。

つまり、実践による人材の育成、航海士の養成に狙いがあったのです。

万次郎の「真の志」は後藤象二郎・岩崎弥太郎・坂本竜馬等に熱心に伝えたように、七つの海を航路としての世界各国との貿易にありました。

周囲をぐるり海にかこまれた日本、その海を航路として「新しい文明・文化との交易」によって、海洋国家として日本を繁栄させることが真の目的だったのです。

しかし、産業の未発達な日本で、いきなりの実現は、しょせんは無理な注文です。

そこで、まずは捕鯨業を起こし、外洋航海に耐えられる大型船を建造する造船技術と外洋航海士を養成することが第一だと考えていたのでした。

純国産の船で捕鯨漁に出ることによって、操船・測量技術を船員たちに実際に体得してもらおうと考えていたのです。

日本の近海を、しかも小さな船での運航しか体験したことがない船員ばかりでは、大海原を数カ月かけての航海など、とうていできるはずがないのです。

しかし、幕府は多事多難な時期であったこともあり、なかなか重い腰を上げようとはしませんでした。そうした幕閣のなかで、勘定奉行の川路聖謨だけが、万次郎の「小笠原諸島の開発と捕鯨業の立ち上げ」の提案に理解と賛意を示してくれていました。

万次郎の支援者たちの死

安政二年一月一六日（一八五五年）身元引受人で、日本での師であり、また仲人として夫婦を温かく援助し、励まし面倒を見てくれた江川太郎左衛門（五五歳）が突然に亡くなったとの知らせが、至急便で届けられました。

江川は、前年に生まれた万次郎の長女「壽々《すず》」の名付け親となり、万次郎の家を訪ねて来ては、幼子を優しく抱き上げて、あやすのを楽しみにしていたのです。しかも、二、三日前に来られたばかりでした。

万次郎には、その知らせを、どうしても信じることができませんでした。

つい先日には、江戸幕府直参の恩人である阿部正弘（三七歳）が病没したとの知らせが入ったばかりです。その翌年には、帰国後、命の恩人と尊敬した島津斉彬（四九歳）が亡くなってしまいます。次々と理解者が早世していってしまうのです。

激動の時代を、お国のためにと寝食を忘れて働いた方が、どうして……。

「まるで燃え尽きるロウソクの炎のように、フッと消えてしまう。なぜなんだ！」

坂本龍馬は暗殺されてしまう。高野長英や吉田松陰など、憂国の士が自殺や刑死に処せられていく。憮然たる思いで、これらのニュースを耳にする日々が続いていました。

万次郎は、なんともはかない人の世を思い、心浮かぬ日々を過ごしていたのでした。ちょうどそんな時でした。勘定奉行の川路から「函館の松前藩に出向き、捕鯨業を指導せよ」との命が下ったのです。もちろん、万次郎は大喜びで、勢い込んででかけました。

安政四年一〇月のことです。

ところが、事前の説明が十分になされていなかったので、地元の漁師たちは口々に反発をします。

「俺たちの昔からの漁法で十分な成果を挙げている。メリケ帰りのにわかサムライに、いまさら習うことは何もない」と言うのです。

一方、その万次郎を追って、新島襄が北海道の函館へ向かいましたが、面会は実現しなかったと言われています。そこで、新島は函館から中国の上海に、そこからアメリカへと渡り、サンフランシスコのミッション・スクール「アンドヴァー神学校」に入学したそうです。

この学校は、札幌農学校のクラーク博士の出身校でもある有名校でした。新島は上州安中藩の江戸詰め藩士の子として生まれました。女の子が四人続いて生まれ、五人目が待望の男の子でした。父親は喜び、名前を「七五三太」(しめた)とつけたそうです。

アメリカの神学校で洗礼を受けて、「ジョセフ・ハーディ・新島」という洗礼名をもらいました。仲間は「ジョー」「ジョージ」と彼を呼んだので、帰国後に「新島襄」としたと言われています。

アメリカ行きには、万次郎から何らかのアドバイスがあったかも知れませんが、密航ですので、失敗した場合に迷惑がかかる恐れがあるような問題については、当時の志士のほとんどが、その経緯については、沈黙を守り通しています。それが、文化人・志士としての矜持だったのです。

万次郎は、一二月に江戸へ戻り、翌年の春に函館を再訪していますが、北の町での捕鯨指導以外の目的について、具体的な内容は明らかにはなっていません。これについては北海道在住の研究者の方から、貴重な情報をいただいております。さらに研究を深めていきたいと考えています。

「日本人は人物を実力で評価せずに、その生まれや家柄など、個人の力ではどうにもならないことに、こだわり過ぎる。人間の価値は、人物の実力と定見で判断されるべきなのに……」との苦い思いと、アメリカの捕鯨船「フランクリン号」での船長選挙での、あの歓喜・感激が、万次郎の胸の中で、複雑に去来するのでした。

「日本も早く実力を正当に評価する社会を、築き上げねばならないのだ」

江戸に舞い戻った万次郎には、別の舞台が用意されていました。

幕府はロシアから購入した船を、捕鯨船に改造し「君沢型壱番御船」と命名し、万次郎を船長に任命しました。品川から出帆したのですが、小笠原近海で嵐に遭遇したのです。にわか仕立てのクルーでは、どうにも対応できず、帆柱一本を切り倒し、伊豆の下田港に逃げ帰ってくるのが、精一杯でした。いまさらながら「シーマン・シップ」に裏打ちされた、チーム・ワークの重要性・船員の技量と質の向上の必要性を再認識させられた出漁でした。
「軍艦教授所で、基礎から地道に生徒に教えていけとの神の暗示かもしれない」
万次郎は決意も新たに、教壇に向うのでした。

荒れる海と咸臨丸

そんな万次郎が歓喜する知らせが舞い込みました。安政五年六月一九日（一八五八年七月二九日）調印された「日米修好通商条約」の批准書を交換するために、アメリカの首都ワシントンへと、使節が派遣されることになったのです。

正使の新見富前守と二人の副使は、アメリカの軍艦「ポーハッタン号」に乗船してアメリカに向かいますが、これに日本の軍艦「咸臨丸」を随行させることが、決まったのです。幕府がオランダから購入した、最新鋭の蒸気船「咸臨丸」で、太平洋を横断することによって、士官・乗組員に遠洋航海を経験させようというのです。

オランダのキンデルダイク・スミット造船所で建造した「咸臨丸」は、全長が四九・七メートル、船幅が七・九メートル、総トン数六〇〇トンの本格的な外洋蒸気船でした。

咸臨丸の最高責任者として、軍艦奉行の木村摂津守（三二歳）、艦長に軍艦操練所頭取の勝麟太郎義邦（勝海舟・三八歳）、中濱万次郎は（三四歳）通弁方主務として選ばれたとの知らせが届いたのです。

中津藩士（大分県中津市）の福沢諭吉（二七歳）は、オランダ語の教授として、一年前に江戸表へ出てきていましたが、これからの時代は英語だと考え、半年ほど前から独学で英語の勉強を始めていました。そんな時期に、諭吉は咸臨丸の派遣を聞き、アメリカを見聞する絶好の機会だと考え、随員に加えてもらおうと陳情を行っていました。

しかし、陪臣の身、幕府に頼んでも、誰も相手にもしてくれません。そこで、恋人おみねの遠縁でもある木村摂津守に頼み込んだのです。

木村は福沢の熱意にほだされ、自分の従者を一人増やし五人として、幕府へ届け出てくれたのです。福沢諭吉も先見性と粘り、そして、運の強い男だったと言えるでしょう。

後に、諭吉が売り込んだほど、彼の英語能力が高くないことがわかり、種々の問題がおこります。わずか半年の独学英語ですから、しょせんは無理な役割だったのです。

「全てが彼の向学心」と思えば、その粘り根性こそ評価すべきではないでしょうか。

咸臨丸の日本人乗組員は、一名増えて総員九六名、これにアメリカ海軍の一一名が乗船し、総合計は一〇七名となりました。

アメリカ海軍の測量船「フェニモア・クーパー号」が、本牧沖で座礁したために、ブルック船長以下二一名が日本に滞在していたのです。そこでこの機会に、アメリカに帰国することになりました。

全員がアメリカの軍艦「ポーハタッン号」で帰国する予定でしたが、木村奉行がアメリカ側と交渉し、ブルック大尉以下一一名が咸臨丸に乗ることに変更となりました。

木村が、日本海軍の外洋航海が初めてのことから、指導を兼ねての乗船を依頼したのです。

ブルック大尉は、その主旨を理解して、優秀な部下一〇名を選抜し「咸臨丸」に乗船させました。その他の者は「ポーハッタン号」で、帰国することにしたのです。

「ワシントンならばフェアヘーブンにも近い。あの方、今日の自分の全てを授けてくれた恩人、ホイットフィールド船長に会えるかもしれない」

万次郎は心を躍らせながら、旅支度を急ぎました。話したいこと、いや、まずはご恩に対するお礼を述べなくては……。

日本海軍としては、初の外洋航海です。

しかも中継港には寄らずに、一気にサンフランシスコを目指す計画です。四〇日間の旅程で計算がされました（実際は浦賀からサンフランシスコまで、三七日間で着いています）。

出港に先立ち、積み込まれた食料は、次のような品々でした。主食は「米」で一人一日五合、その炊飯の仕方が細かく定められています。まずは、海水で研ぐこと。最後に真水を使うが、一日三食を一升五合の真水で行えと指示しています。一〇〇名四〇日分で一〇〇〇石の真水が積み込まれました。後にこの真水が、思わぬ大騒動の元になるのです。

朝食は味噌汁・漬物程度。昼・夜食は、これに煮物・塩鮭などが添えられる献立です。

積荷を見ると、漬物六樽、鰹節一五〇〇本、梅干一四〇〇個、醤油七斗五升、味噌六樽と続き、焼酎は一人一日五勺の計算で七斗五升です。

生きた家畜は、鶏が三〇羽、家鴨を二〇羽、豚を二匹、などが順次積み込まれ、準備は全て完了しました。

外洋に出たことのない日本人士官たち

安政七年一月一九日（一八六〇年二月一〇日）午後三時、天候は晴、気温九℃。咸臨丸

は浦賀を出港しました。アメリカ人が乗船することに、「日本人の恥」と猛反対をしていた日本の海軍士官たちでしたが、外洋に出たとたんに、彼らはまともに立ってはいられないのです。しかも、日本海軍士官の指示が、オランダ語で出されるために、水夫たちにはほとんど理解できないありさまでした。

二七枚ある帆の操作が、まったくできないのです。航海の二日目から、アメリカ海軍の手を借りなければならない状態になりました。

艦上には高浪が打ち上げてきますし、船はローリング、ピッチングを繰り返します。甲板の滑り止め用の砂さえ、用意されていなかったのです。まったく、考えられないような事態です。ただただ日本人はオロオロと大騒ぎをするのみで、何の役にも立ちません。好天の日はともかく、すさまじい嵐の航海などを経験した乗組員は皆無でしたから、無理のないことだったかもしれませんが。

三日目は、風も雨脚も強まり、帆をたたもうとしたのですが、それすらできないのです。しかたなく、帆を開いたまま走り、夜中の二時になって、万次郎はアメリカ人水兵の力を借りて、ようやく帆をたたむことができました。

万次郎は通訳どころか、帆柱に登り、水夫への指示に走り、懸命に船を守ろうと努めていたのです。ところが、日本人の水夫・士官は船酔いのため、起き上がれないものが続出していました。

軍艦奉行の木村摂津守は、海軍大臣のような立場で、船の経験がまったくないので仕方ないにしても、艦長である勝海舟が艦長室から一歩も出てこないのです。ひどい船酔いに悩まされていたことに加えて、年上の自分がナンバー2なのが気に入らないので不機嫌だったのです。そのため、艦長不在の航海が続きました。さらに、万次郎を驚かせたのは、夜になると現場を水夫たちに任せ、士官以上は全員が士官室に潜り込む始末なのです。

あるとき、風雨が激しく雪になり、やがてみぞれとなりました。空には雷鳴がとどろいています。

万次郎は、この四日間、完全徹夜の状態でしたが、アメリカ兵たちが、必死で頑張ってくれているのには、頭が下がる思いでいました。ブルック大尉は、自分の部下を交代で、夜間勤務に就けていましたが、万次郎を呼んで聞くのです。

「万次郎さん、私たちが手を引いたらこの船はどうなるのでしょうね。あなたはどう思われますか」

「たちまち沈没するでしょう。しかし、私はこんなところで死ぬのは、まっぴら御免こうむりたいと思っていますがね」

「それでは、日本の士官も交代で夜間勤務に就くようにしてください。一日も早く編成表をつくって、即日に実施してほしいのです。私の部下の疲労が、とても激しいのです。このままでは病人が出ます」

もっともな要望なので、士官たちの部屋へ出向きますと、火鉢を囲み、キセルでタバコを吹かす者、焼酎を飲んで顔が真っ赤な者たちが、雑然と座り、転がっているではありませんか。

秩序も何もない、烏合の集団のありさまです。来意を告げると、脅しにかかります。

「このアメリカかぶれが、われわれに命令をする気か。今度ぬけぬけとそのようなことを申すと、ただでは置かないぞ」

これには、万次郎もカチンときました。

「アメリカまでの長い航海になるのです。水夫たちの疲労は大きく、日に日に甲板に上がる人数も減ってきています。慣れない外洋航海でお疲れでしょうが、アメリカ海軍の士官・水兵の頑張りを、諸君らは見ていて日本人海軍士官として、なんら恥ずかしいとは思わないのですか」

そう述べて、部屋を出ました。翌日からは、夜間の当直士官を定めましたが、当番の士官たちはデッキに上がってくるのに、ノソノソと二〇分もかかるのです。あげくは安全な船尾に集まって動こうともしないので、何の役にも立たないありさまです。

石炭は三日分のみしか積まれていなかったので、帆走に切り替えていました。ところが、日本の水夫たちは、マストに登る訓練もしていないし、その勇気もないレベルなのでした。仕方なくマストに登るのは、万次郎とアメリカ兵の役割になっていました。

ブルック大尉の日記には、このような記述があります。

「万次郎の話によると、水夫たちにマストに登るように命じたところ、彼らは万次郎を脅し、帆柱に吊るすと言ったそうだ。今度、そのようなことがあったら、直ちに私に報告せよと言った。私が逆の立場に置いてやると…」

「万次郎は自由に話す。しかし、私はある不安を感じている。彼は非常に危険な立場にいるので、私は細心の注意を払って、彼と接触しなければならないのである」

「万次郎は自分が微妙な立場にいることを十分に理解している。日本にいた時は、アメリカ大使館には一歩も近づかなかったそうだ。しかし、この船の乗員で、日本を心から愛している者は、彼以外には見当たらない」

やがて荒れ狂った空が見事に晴れ渡り、海も「ベタなぎ」の日になりました。

その日、恐れていた事件が起こったのです。暴風雨が続いた後の晴天です。アメリカ人水兵のフランクが、雨で濡れた下着の洗濯を始めていました。

これを見た吉岡公用方（事務官）が、いきなりフランクの顔を足蹴にしたのです。フランクは怒りました。船室に駆け下りると、仲間を連れて戻りました。その手にはピストルが握られていたのです。吉岡も刀の柄に手をやり、両者がにらみ合い一触即発の大騒ぎとなりました。

騒ぎを聞きつけた勝艦長が「万次郎とブルックを呼ぶように」と命じたので、二人は何事かと操舵室から駆けつけました。

じつは、出港から一四日目に、勝艦長名で通達が出されていたようです。

それは、「水タンクの水は飲用のみ」というもので、真水の節約を命ずるものでした。しかし、アメリカ兵のフランクたちには、通達が届いていなかったのです。万次郎自身が、その通知を見ておりませんし、通訳を頼まれたこともありませんでした。

万次郎の通訳で、全てを理解したブルック大尉は、フランクの手からピストルを取り上げて、勝艦長に告げたのです。

「よろしい、どうぞ斬ってください」

集まっていた者全員が、驚きました。この騒動は勝艦長とブルック大尉が握手をすることで結着となりましたが、以来、日本人のブルック大尉に対する見方と評価が一変したのです。

「彼は青い目をしたサムライだ」

日本人が驚いたのも無理はありません。

ジョン・M・ブルック大尉は、このとき万次郎と同じ三三歳、気鋭の海軍士官で「ブルック砲」の発明者であり、歴戦の勇者でもありました。また、深海測量装置の発明では、ベルリン科学院から、ゴールド・メダルを受賞（現代のノーベル賞に匹敵する国際的な名誉ある賞）、帰国後はアメリカ海軍士官学校の教授に就任するほどの、有能で豪胆な海軍士官でした。アメリカでは高名な人物なのです。

咸臨丸で大いに評価された万次郎

ブルック大尉は「咸臨丸での航海」の克明な日誌を残しています。極めて客観的に日本海軍を観察した記述が目立ちます。

その中から、万次郎に関する記述を中心に、いくつかを紹介しておきましょう。

「日本人では、万次郎だけが一睡もしていないであろう。驚いたことに彼は荒れ狂う海で、しかも夜間に、私の部下のスミスと肩を組んで英語で歌っているのである。まるで、この荒波を楽しんでいるかのように……、しかも、この状況下においてだ」

「万次郎は豚肉を炭火で焼いたものが大好物である。ところが、この数日、彼の食欲が落ちてきている。疲労が重なっているのだろうか、心配である」

「日本人は火に関してまったく不注意だ。昨夜は料理室から火事を出した。キャビンの天窓を踏み破り風雨が入り込む。ハッチもしっかり閉めていないので、強風に煽られて破損してしまった。午前三時に就寝、横になるやいなや、また、私は呼ばれる」

「やっと雨があがったが風が強く、羅針盤の火が二つとも消えてしまった。私が灯りの準備をする間、万次郎は月の光で、羅針盤を見、じつに器用に舵を取り続けていたのには驚いた」

「万次郎だけが、日本海軍の改革に必要な定見をもっている。万次郎は、私が今まで会った全ての友人をふくめた人物の中で、最も注目に値する人物である」

「彼は冒険精神に富んだ男だ。彼が日本の開国について、他の誰よりも功労が多いことを私は知っている。そのことは、私にとって、まことに喜ばしいことなのだ」

　そして、勝艦長について、

「麟太郎艦長は幾分気分がよさそうだが、まだ寝たままである。彼にスープとぶどう酒を少々与えた。提督は今日も部屋にこもっている」

「麟太郎艦長が起きてきた。彼は私と一緒にワシントンに行きたいと言う。それはよい計画だと答える」


　この時点では、「咸臨丸」も首都ワシントンまで行く計画だったことがわかります。

　勝艦長は感情の変化が激しく、ある時は「バッテラー（ボート）を下ろせ。俺は一人で日本に帰る」と言い、部下を困らせたりしていました。

　そんなある日、万次郎を呼んで聞くのです。

「おい万次郎、そちはメリケに詳しいだろう。俺にメリケの国情を教えろや」

「アメリカでも、木の葉は青く、人間は二本足で歩いております。日本と何ら変わったところはありません」

　これには、さすがの勝艦長も、自分の非礼に気づきました。

「いや、悪かった。何かメリケで役立つことをひとつ、ふたつ聞かせてほしいのだよ。よろしく頼むよ」

「貴殿がそのようにお尋ねですので、ひとつだけお話しましょう。アメリカでは高い身分・位に就いた者は、下の者の意見をよく聞き、いよいよ賢く考えて、その品格・振る舞いは高尚になります。その点だけは、わが国と天地の差がございます」

この言葉は、勝艦長によほど腹の奥深く食い込んだのでしょう。

帰国後に幕府老中から、アメリカの印象を聞かれた勝海舟は、「木の葉は青いし、人間は二本足で歩いていた。何ら日本と変わりない。ただ一点異なるのは、日本のように能なしが高位・高官の地位を占めるようなことは、かの国では、まったくありません。その点だけは天と地の差がございます」と答えて「この無礼者！」と言われた。

と、著書『氷川清話』に記しています。

サンフランシスコに無事到着

三月一四日、雨、嵐。

サンフランシスコに予定通りに着くことが、かなり難しくなりました。勝艦長は万次郎を呼んで、相談するのです。

「航海のことは、いっさいを君に任せる。何とか予定どおり到着したいのだ。全てよろしく頼みたい」

「了解しました」

　この時点で、万次郎は咸臨丸の実質上の艦長になりました。一八六〇年三月一七日、浦賀を出港して三七日目、咸臨丸は無事にサンフランシスコに到着しました。入港する咸臨丸に、アメリカの陸の砲台から次々に二一発の礼砲が放たれました。

　轟音が港内に響き渡っていきます。最高の礼をもって迎えられているわけです。

　砲術方が勝艦長に、答礼の許可を求めました。

「失敗すると恥をかくから、控えたほうがよい」

「失敗などしません。ぜひやらせてください」

「やりたければ勝手にやれ。もし成功したら、俺の首をやるわい」

　見事に答礼を放った砲術・運用兼務の佐々倉桐太郎は、満足げに笑顔で言いました。

「今、艦長の首をもらっても邪魔だし、だいいち艦長も首がなくては不便だろうから、日本に帰るまで預けておこう」

これには、全員が大笑いでした。

午後一時、金門湾に投錨しました。空は抜けるような青空でした。万次郎はデッキの端に寄り、サンフランシスコの港を懐かしく眺めていました。

実に美しい港に変貌しているのには、驚きました。あの頃は、続々とゴールド・ラッシュを目指す人々を乗せて入港してくる船が、帰りの客のない船となり、所狭しと港内に放置されていたのです。みんなオンボロ船が、夜ともなると幽霊船の如く、ギシギシと悲鳴を上げながら寄り添い漂っていたのです。自然に朽ち果てるのを、待っている放置状態だったのです。

あれから一〇年の歳月が経過していました。変るのは、当然といえるでしょう。

それにしても、見事な港に変身しており、星条旗を翻した美しい大型船が、数多く停泊しています。新興大国アメリカの国力をまざまざと見せつけられた思いでした。

万次郎は金山から降りて来た日のこと、ホイットフィールド船長宅へ戻るか、日本に向かうかで、さんざん悩んだ日のことを思い出していました。そして、咸臨丸での航海が、いかに厳しいものだったかも……。

最新鋭の蒸気船「咸臨丸」に、三日分の石炭しか搭載されておらず、二七枚もの帆を持つ大型帆船の訓練さえせずに、太平洋の横断を試みる無謀さに、あきれ、驚いたのも率直な感想でした。

ブルック大尉以下一一名のアメリカ海軍軍人がいなかったら、とてもサンフランシスコに到着できなかったであろうことは、明確な事実です。彼らには一人ひとりに、心底からお礼を述べねばならないと思うのでした。

別れのパーティーが艦上で開かれました。木村摂津守から、心からのお礼の言葉の後に、彼が家屋敷・家財一切を売り払い用意してきた「千両箱」が開けられ、「好きなだけお受け取りください」と言いました。

しかし、彼らの誰一人として、それに手を出す者はおりませんでした。パーティーの後で、万次郎は彼ら一人ずつと握手を交わしました。

「サンキュウー・ベリー・マッチ！」

最後にブルック大尉との握手です。言葉は必要ありません。互いに相手の目を見つめ合いながらの、力いっぱいの固い、そして長い握手でした。

後に判明したことですが、咸臨丸は三名の乗組員を失っていたのです。

長崎の火夫、峯吉（三七歳）が船中で亡くなり、香川の水夫、源之助（二五歳）が上陸六日後に病院で死亡し、同じく香川の水夫、富蔵（二七歳）が一三日後に病院で亡くなるという、大きな代償を払ってのサンフランシスコへの入港だったのです。

死因は、熱病、風邪からの下痢、船酔いから食事が取れずの衰弱死などの記述が残されていますが、原因は寝床にあったようです。「ハンモック」の用意が少ない上に使用する習慣もなく、冬の荒波に浸った船倉の寝床は、乾く暇がなかったために、風邪から肺炎になった者が多かったようです。

入院治療の必要な者と、その付き添い等で一〇名の欠員が生じました。ブルック大尉は一〇名の応援を申し出てくれましたが、日本海軍は自力での航海が可能と、この申し出を丁重にお断りしています。

しかし、士官には重篤な病人はなく、下級の水夫にばかり犠牲者が出ているところに、この航海における日本海軍の封建的な上下関係の臭いを感じさせる事実と言えなくもないでしょう。

三人はサンフランシスコのコルマ日本人墓地に、今もひっそりと眠っています。

あの朽ち果てた船のように……。

思い出のサンフランシスコ

上陸したサンフランシスコの街並みは、美しく清潔に整備されていました。坂の多い街並みに、碁盤のように縦横に道がはしり、道路沿いに高層のビルが建ち並んでいます。日本人たちは、今までに目にしたこともない高い石造りの建物を、珍しそうに眺めて歩きました。やがて彼らは、珍しいのは、自分たちであることに気づかされます。ちょん髷を結った髪、紋付、袴に日本刀を二本携えたオリエンタルな珍客、「サムライ」は、たちどころに、アメリカ人の注目と歓迎の標的となったのです。連日のように、歓迎のパーティーが開かれ、招待状が届きます。

万次郎は、入国や税関の手続きと、咸臨丸の補修を船会社に依頼するために、奔走していました。「咸臨丸」を点検した結果、破損箇所は想像以上に多く、重く、修繕にはかなりの日数が必要なことが判明しました。

やっと、インターナショナル・ホテルの一室に入ると、食事の時間も惜しんでベッドに潜り、眠りに就きました。おそらく、一緒に「咸臨丸」を操船したブルック大尉もこの三七日間、ほとんど寝ていなかったことでしょう。今頃は、彼もやっとベッドに入れたのか、ボンヤリした頭で考えながら……。

翌日は、早朝から新聞社の取材が殺到しました。新聞報道も連日のように、大きく報じられるようになりました。万次郎は「キャプテン、マンジロウ」の記述に、苦笑しながら活字を追っていました。そうした記事の中に、万次郎は宝石のようにキラキラと輝く、「海の男」の談話を発見したのです。

ブルック大尉の日本海軍に対する評価です。彼は、慈愛に満ちた言葉で語っていたのです。

「日本の素晴らしい方々を、合衆国までご案内できたことに、私は十分な満足を覚えています。彼らの活躍は素晴らしいものでした」

あんなにも迷惑をかけ、彼と彼の部下が同乗していなければ、とてもこの航海の成功は望めなかったのに、一言も、そのことには言及していないのです。万次郎は目頭を熱くして、この短い文章を何度も、何度も読み返しました。

見事なまでに「シーマン・シップ」に溢れた、爽やかなコメントではないでしょうか。

そして「ありがとう！　ブルック大尉そしてアメリカ海軍の皆さん」と新聞紙に向かっ

て、深く頭を下げるのでした。

ある日、福沢諭吉と共に上陸した万次郎は、街の本屋へ出かけ、そこでウェブスターの辞書を一冊ずつ購入しました。地元の新聞記者が、使節団について取材して回った際に、この本屋さんの主人が、その時の模様を語っています。

「二人の日本人のサムライが来店し、片方が流暢なブリティッシュ・イングリッシュで、英語の辞書を注文したのだよ。ウェブスターの物をとね。そして、これは最新版のものか、どうか発行年まで確認をしているのだ。彼には、その辞書の価値がよくわかっていたようなのだ。ここに着いたばかりの日本人がだよ。まったくの驚きだったぜ」

万次郎は、この時に「図説米国海軍史」「図説米国史」「米国海軍南半球天文調査書」「物理学入門」「機械工学原理」「代数学原論」などを買い求めています。日本で欧米の文化・文明を説明するのに、大変に苦労した経験からでしょう、図説の解説書や原論、入門書が多いのが目立ちます。

また、ミシン、カメラ、アコーディオンなどを購入していますが、それらを使いこなせるように、使用方法を習得してきているのです。

わずか一カ月半の滞在においてです。公式のレセプションや要人のパーティーでは、全ての通訳をこなしながらの買い物であり、カメラやミシン、そして楽器のマスターですから、相当の努力をしたことでしょう。

他の者たちが、連日のパーティーに酔いしれていたのとは、だいぶ違います。帰国後は、さっそくカメラで妻や友人を撮影し、現像、焼付けした写真を見せて、周囲を驚かせています。ミシンで縫って見せ、アコーディオンを弾いて、唱っているのです。

この万次郎の買い物リストを見て、ジャーナリストの故大宅壮一は近代史を書いた著書の中で、次のように述べています。

「万延元年に遣外使節に選ばれて渡米した日本人の総数は、一五〇名を超えていたが、アメリカのこういった新しい生活文化を日本にもたらしたものは、万次郎のほかにほとんどいなかった」(『炎は流れる　2』)

万次郎は生来が好奇心の強い男でした。新しい文明の利器を目にした時の興奮が伝わってきます。

「日本に持ち帰って、みんなを驚かせてやろう」と、使い方を熱心に学習してきたのでしょう。彼の頭の中には、伝道師のような意識しかなかったのです。

それらで、「商売をしよう」とか、「会社を興そう」などという考えは、微塵もありませんでした。

一方、遣米正使たちを乗せた「ポーハッタン号」は、咸臨丸よりも三日早く、浦賀港を出港していましたが、メーア・アイランドに到着したのは、一二日遅れの三月二九日でした。

これは「ポーハッタン号」が、ハワイ航路をとり、ホノルル港で艦体の修理、石炭の搭載をして来たがための遅れでした。

「ポーハッタン号」は一〇日間、メーア・アイランド造船所で補修をすると、四月七日に抜錨し、サンフランシスコに寄った後に、パナマに向かいました。咸臨丸は浮きドックに入りいまだ修理中で、さらに修繕に時間を要するとのこと、ワシントン行きは、断念せざるを得ませんでした。

万次郎はガッカリしました。ワシントンからフェアヘーブンに飛んで行き、ホイットフィールド船長宅に飛び込もうと、胸を躍らせて計画していたのですから、残念でなりませんでした。そのチャンスが、完全に失われてしまったわけです。

サンフランシスコ湾には霧がたちこめ、終日、霧笛がボゥーボゥーと、いつまでも鳴り続けていました。万次郎の沈痛な心の内を見透かすように……。

ハワイでの再会

一八六〇年五月八日午前九時、咸臨丸はサンフランシスコを出港しました。帰路は、ハワイ航路をとりました。

海は静かですし、天候にも恵まれた航海となりました。

「そろそろハワイ諸島の山並みが見えてもいい頃なのに…」と全員が甲板に出て眺めまわしますが、一向に島影が現れません。操船は他に任せ、木村提督と勝艦長へのアメリカ・レクチャーの日々が続いていた万次郎でした。

「中濱様が正午に船の位置を測定して、航路の変更を加えたところ、翌日になると左方向に島影が浮かんで見えてきた」と喜八という火夫の日記にあります。

五月二三日、午前九時、ホノルルに入港。

ここでも、サムライは人気の的で、一目見ようと、ホノルル市民が大挙して波止場に押し寄せ大変な騒ぎとなりました。

木村摂津守へ、ハワイのカメハメハ王から招待状が届きました。万次郎はこれに随行し、通訳を務めています。

このセレモニーが終わると、万次郎はデーモン牧師のところへと急ぎました。一〇年前の帰国準備に物心ともに、大変なお世話になった恩人です。

デーモン牧師の喜びようは、もう、たとえようがありません。

「いやいや驚いた。ジョン・マンじゃないか。とにかく中に、早く入ってくれたまえ。まさか、君は墓場からここへ戻ってきたのではあるまいね」と、満面の笑みです。

万次郎は、自分の脇差「関の兼房」と絹の風呂敷に包んだものを、お世話になったお礼だと、牧師に差しだしました。

デーモン牧師は「サムライの魂」である日本刀の価値を十分に知っていました。

風呂敷をあけると、そこにはボーデウィチ著「新アメリカ航海士必携」の翻訳本が出てきました。万次郎が精魂を傾けて翻訳したものです。

この贈り物ほど、牧師を喜ばせたものはなかったようです。

デーモン家では、代々これらの贈り物を、「家宝」として大切に今日まで引き継いできているのです。

翌日の新聞『フレンド』は、伝えています。

「驚くべき朗報をお知らせしましょう。皆さんは憶えておられるでしょうか。『日本への遠征』の記事を、あの『アドベンチャー号』のジョン・マン船長が、まるで墓場から甦ってきたかのように、忽然とわれわれの前に姿を現したのです」

翌日、デーモン牧師は、一八五七年〜一八五九年間の「フレンド紙」の合本を持って、咸臨丸を訪れ、万次郎に贈ってくれました。万次郎は、ホイットフィールド船長への手紙を託しました。

長文ですが、全文を紹介します。

一八六〇年五月二日　サンドウィッチ島にて

船長　ウイリアム・H・ホイットフィールド様
尊敬する友よ。
私はここに手紙をしたためる機会が得られましたことに、この上ない喜びを感じております。
私は健康で暮らしております。

あなた様も同様に、この天のお恵みを、受けておられることと存じます。

私は、あなた様に現世でもう一度、お目にかかりたいと、いつも切望しております。

もし、この願いがかなえられましたなら、どんなにか幸せなことでしょう。

奥様とお嬢様のミス・アミリアに、くれぐれも、よろしくお伝えください。

お二人にも、お目にかかりたいと思っております。

ところで、船長、ご子息たちを捕鯨漁にお出しになってはいけません。

それよりも日本へ、お寄こしになっては如何でしょうか。

あなた様のご同意さえあれば、私がお世話をいたします。

ただし、ご実行の節は、準備の都合もございますので、前もってお知らせください。

さて、ここで、私が故郷に帰り着いた顛末をご報告いたします。

私が金鉱へ参りましたことは、すでにご承知のとおりです。山に四カ月滞在いたしました。一日の収入は諸経費を除くと、八ドルでした。

私はここから、一度、帰国して母親に再会しようと決心し、アメリカの商船に便乗してサンドウィッチ島に到着しました。この地で私たちの友人デーモン牧師にお目にかかり、デーモン様のお世話で、捕鯨用のボート一隻を買い求めることができました。そして、中国の上海へ行く商船に、このボートを積込みました。

このようにして、琉球諸島に近づいた時は、この地方は厳寒の一月で、激しい吹雪のうえ、海は時化《しけ》ていました。アメリカ商船の船長は、しきりに、この船に留まって一緒に上海へ行くように勧めてくれましたが、私は母親に会いたい一心でこれを断りました。すぐにボートの準備をして、伝蔵、五右衛門と私の三人が、勇躍してこれに乗り移り、本船を離れたのが、計画の一〇マイルポイント、予定の午後四時でした。一〇時間、力いっぱい漕ぎ進み、島に着け、翌朝までそこで停泊しました。

翌朝、上陸しましたが、琉球の人々とは、言葉が少しも通じません。私も、日本語をすっかり忘れてしまっていたので、非常に困りました。

私たちは、琉球王の庇護を受け、この島に六カ月間滞在し、日本船の来るのを待ちました。

七月に入り、船の便を得て、九州の長崎に行き、ここに一〇カ月間滞在し、帰郷の許可が出るのを待ちました。

このように、種々の手続きを終えた後に、許可を得て生国に帰ることができました。

この時の母親はじめ親戚一同の喜びは申すまでもございません。

ところが、私は母のもとに、わずか三昼夜滞在しただけで、将軍から江戸へ召しだされました。ただいまは、天皇の海軍士官として、この船に勤務いたしております。

この軍艦は、日本の天子様から、アメリカ大統領に敬意を表するために派遣されたものです。

私どもは、カリフォルニア州サンフランシスコに航行し、そこからの帰途の途中、石炭・食料の補給のために、この島に立ち寄りました。

私は、お手紙をサンフランシスコから、差し上げたいと思いましたが、日本人の監視の目が厳しくて書けませんでした。

やむを得ず、サンフランシスコから本島への航海中に、船中にて急ぎしたためましたので、誤字や文章表現に間違いがあると思いますが、どうぞご判読くださいますようお願い申し上げます。

日本の江戸に到着した際は、改めてお手紙を差し上げたいと存じます。

私はあなた様が、日本においでになることを、切に希望いたしております。

わが国は、今や各国に対して開港いたしましたから、あなた様を私の家にお招きしたく思っております。

私はデーモン牧師、ホノルルのアメリカ領事にも、お目にかかりましたが、その時の喜びは、双方ともに表しようのないものでした。ご推察いただければ幸いです。

帰国の上は、さらに詳細をご報告いたすつもりでおります。

私の衣服をお送りいたしました。新しい品ではございませんが、記念の品としてお受け取りください。

私は、いつまでもあなた様の友人であります。

ジョン・万次郎

この手紙とまったく同文のものが他に一通あると、従兄弟の故中濱博が著書『中濱万次郎』（冨山房インターナショナル）に記述しています。

サンフランシスコで書いたものの、監視の目がうるさくて出せなかったので、念のために別のルートで出したものと思う、との推測を記しています。万次郎の日本への熱い思いと献身ぶりを考えますと、「スパイ」扱いされることの切なさが、ひしひしと伝わる「同内容二通の手紙」の存在ではないでしょうか。

この手紙には、注目すべき点が三点ほどあります。

一つは、万が一、途中で日本の誰かに手紙をおさえられても、関係者に悪い影響を与えないように細心の配慮を払って記述していることです。

日本人の名前は伝蔵、五右衛門以外は、誰も表記していません。

お世話になった薩摩藩には、立ち寄ったことさえも、殿様の島津斉彬公からの愛に満ちあふれた忠告も、江戸における父親代わり、江川太郎左衛門も、結婚した妻の名前、長女が誕生したことさえ、一切ふれてはいないのです。それに引き換え、帰国の状況はじつに詳しく伝えています。

また、帰国の目的は、ホイットフィールド船長が十分にご存知ですので、「母に会うため」とし、日本が各国に開港した事実をお伝えして、「日本の開国」への自分の計画が成功した事実を、お知らせしています。そして、あなた様も来てくださいと……。

そして、何よりも重要なことは、彼が監視されていることを、十分に承知しながら行動しつつ、サンフランシスコであれだけの買い物と実習を受けてきたということです。万次郎の日本に対する使命感と情熱が伝わってきます。

二つ目は、自分は日本海軍士官であると名乗っていることです。通訳ではなく、操船に携わる船乗りとしての自負がうかがえます。単なる英語の万次郎で、派遣されたのではないとの表明です。英語は欧米文化を習得する術であって、英語そのものを学んでも、西欧の文化から学ぶべきマナーや民主・自由・平等の精神をわきまえない者を、万次郎は終生受け入れようとはしませんでした。

三つ目は、末尾の署名です。原文のつづりは「John Mungero」ですが、これまでは全てが「John Mung」でした。

日本では「ジョン万次郎」とは、井伏鱒二が「ジョン万次郎漂流記」を出版した際の命名とされてきましたが、一八六〇年に自らが「ジョン万次郎」と名乗っていたのです。

中濱万次郎のサインでは、ホイットフィールド船長が、誰かわからないのでは、との配慮と、サムライとしての矜持の中間的表現が、自称させた「ジョン万次郎」だったように思われます。

そして、この手紙は、本人がわざわざ文中で言及していますように、誤字や誤った文法が随所に見られます。

揺れる船の中で、監視の目を避けて、大急ぎで、帰国の経緯ならびにその成果、そしてホイットフィールド船長への変わらぬ思い、それさえお伝えできれば十分との判断があったでしょうか。もしくは、辞書を引く時間も惜しんだのか、その時間がなかったのでしょう。

自らの置かれた状況と文意をよろしく判断して欲しいとの、万次郎の切なる願いが、痛いほど分かります。彼の手紙で言い訳などしたのは、唯一、この手紙だけだからです。

時系列的な経緯に先立ち、この手紙に対するホィットフィールド船長の返信をご紹介しましょう。万次郎の手紙から、一年一〇カ月後の便りです。

サンフランシスコ　一八六三年三月九日

ずいぶん長いあいだご無沙汰をしました。

この度、新たに任命されたアメリカ公使が、君への手紙を持っていってくれるというので、この手紙をしたためています。

どうぞ、君も私と同じような方法で、私への返事をください。

私も、これからはもっと便りを出したいと思っています。

妻も元気に過ごしております。また、叔母さんは結婚をしました。

息子のマーセラスは、もう一三歳になりました。ちょうど君が私と共に「ジョン・ハウランド号」で航海をしていた頃のようです。

また、その後二人の娘が生まれ、一一歳と九歳になります。二人とも、とても可愛く健康です。

隣家の老人は、今でも君がここに住んでいた頃を思い出すと、正直でよい子だったと褒めちぎっています。

今、アメリカは大変困難な問題を解決しようとしています。戦争になるかも知れません。戦争は多くの人命を奪い、多大な財産を失うものですが、時には避けて通れないこともあります。(アメリカの南北戦争について述べています――筆者)

君は大成したことでしょう。

私たちは、今でも君の国との交易を待ち望んでいます。

そして、日本の人たちも、この国へ来て、私たちと共に事業を興す日がくればよいと思っています。

君は、ぜひともアメリカに来なさい。

その時には、こちらで売れそうな日本製品を、たくさん持って来ることを忘れないように…。

敬具

ウイリアム・ホイットフィールド

ホイットフィールド船長と万次郎が、かつて、日米貿易について熱く語り合ったことを、伺わせる内容となっています。日本人とのジョイント・ベンチャーを提案するなど、ホイットフィールド船長のおおらかな先見性・進歩的な発想が伺えるものとなっています。

デーモン牧師は、六月一日の『フレェンド』に万次郎の来訪の続報記事を掲載しました。長文ですので要約・抜粋します。

私は万次郎を送り出してから、九年間その消息を追ったが、何もわからなかった。特に、ペリーの日本遠征に参加した士官には、軒並みに尋ねたが、まったくの消息不明であった。

今回、日本海軍の軍艦「咸臨丸」がホノルルへ来航し、艦長の地位にあり、通訳も行っている海軍士官が私を訪ねてきた。そして、あなたの昔の友達で、一八五一年のボートの艦長であったジョン・マンです、と名乗り出た時の私の驚きを想像してみてください。

彼は今、二本差しのサムライである。彼の運命の、何たる変化であろうか！

彼は、日本に帰りたいと熱望しながらも、帰国すれば、必ず「打ち首の刑」に処せられると、恐れおののいていた貧しい日本の漂流漁師の少年だったのだ。

彼はボーデウィッチの航海書を、日本語に翻訳した。まことに素晴らしい出来栄えである。この翻訳に、心からの敬意を表すものであり、これは万次郎の非凡な才能を物語っている。彼は陸地の見えない大海原を、学理に基づいて航海をした、初めての日本人である。

われわれの友人、フェアヘーブンのホイットフィールド船長が、この記事を読まれたならば、この漂流少年の教育に要した経費と時間が見事に報いられたことが、わかるであろう。キャプテン万次郎も恩人の誠実な行いに、心から感謝をしている。

九年前に、キャプテン万次郎について、私が公にした意見が、十分に実現したのは私が最も満足するところである。彼は帰国し、日本が諸外国と交際する港を開くために、重要な役割を果した。しかし、私はその全てを見てはいない。今後さらに重要な仕事を実現するに相違ないであろう。

キャプテン万次郎が、ますます国事に尽くされるのを、目を見開いて待っている。われわれは、九年前にボート「アドベンチャー号」の成功を祈る、と本紙に書いたことがあるが、今回は「ボーデウィッチ航海書の翻訳者であり、咸臨丸の通訳官、日本海軍のキャプテン万次郎の成功を祈る」と書き添えねばなるまい。

日本文化の発達と繁栄・幸福のために、献身するキャプテン万次郎が長く健在であることを祈るものである。

日本に対する彼の愛情は実に広大無辺である。

万次郎のこれまでを知るデーモン牧師にしか書けない、奥深い内容となっています。幼い万次郎を養育した、ホイットフィールド船長の慧眼と努力に言及するとともに、実に的確に万次郎のこれまでの行為を評価してくれています。

今から一五〇年も前においてです。

アメリカ人牧師が外から日本を観察し、愚かな「掟」に命がけで挑んでいった一青年を、心配していた様子が、愛情にあふれた文章で綴られています。

「日本に対する彼の愛情は実に広大無辺である」の結びこそ、万次郎を語る全てを凝縮した表現のように感ずるのです。

咸臨丸は四日間ホノルルに滞在し、アロハ・マハロの歓声の中を出航しました。パンチボールの丘からと咸臨丸の礼砲が、ワイキキ湾に轟々と長くこだましていました。万延元年（一八六〇年）五月五日九時一〇分、咸臨丸は浦賀に帰国し、翌六日一六時一九分横浜着、二二時二〇分に無事に江戸に到着しました。

提督の木村摂津守、勝艦長は「君の卓越した操船技術によって、日本海軍が初の太平洋横断を成し遂げられた」と、万次郎をねぎらっています。

第7章

新時代への序章

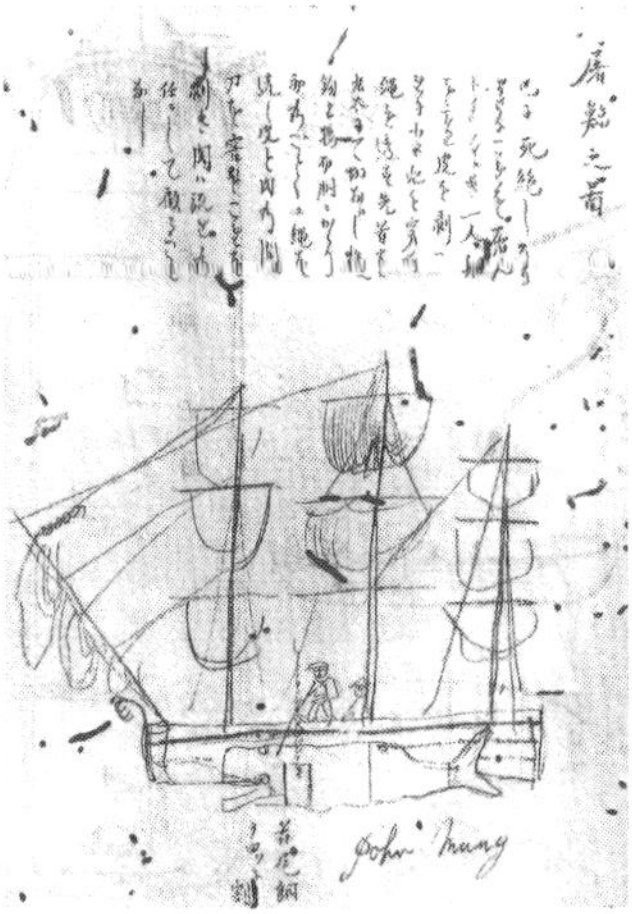

ジョン万筆「屠鯨之図」

刺客に狙われる

アメリカから帰国した江戸では、万延元年（一八六〇年）三月三日、桜田門外で大老の井伊直弼が暗殺されるなど、「尊皇攘夷」の動きが先鋭化を極めていました。

新見豊前守がアメリカの首都ワシントンで批准してきた「日米和親条約」は、尊王攘夷派の怒りを買い、外国人に接するものはことごとく標的にされる情勢になっていたのです。

アメリカ領事館の秘書官のヒュースケンが、何者かに惨殺される事件が起き、各国の領事は身辺警護に万全を期し、領事館の場所を変更する国が出始めていました。このような社会情勢を読んだのでしょう、勝海舟が万次郎に護衛をつけてくれました。

岡田以蔵、土佐藩の郷士出身で、示現流の達人です。彼も、また青雲の志に燃えて土佐を後にしてきたのでした。勝海舟の元に寄宿し、その剣術の力で頭角をあらわそうとの野望に燃えていたのです。

京都で、勝海舟が刺客に襲われた時には、以蔵が窮地を救っています。

「以蔵よ、人殺しの剣は慎むように」

「先生、私がやらねばあなた様は死んでいましたよ」

　これには、勝海舟も二の句が告げなかったそうです。

　その剣の達人を護衛役に選んでつけてくれたのでした。勝海舟の目には、万次郎が相当に危険な立場にいるとの認識があったのでしょう。

　万次郎はサムライになってから、じつに「はかない人の世」を幾度も見聞してきましたので、その時のための用意には、日頃から抜かりはありませんでした。谷中の墓地に、生前から自分のお墓を建立していたのです。

　アメリカはフェアヘーブンのリバーサイド墓地で見たのと同じような、頂上が半円で一・五メートルほどの高さがある平板な墓石だったようです。

　やっと完成しましたが、生前なので朱文字を入れようと出向いた時のことでした。

　谷中の墓地は静かなものでしたが、いきなり抜刀した刺客が二名飛び出して来るなり「国賊《こくぞく》！」「天誅《てんちゅう》！」と叫びながら襲ってきたのです。

　万次郎は江戸へ出てきてから、常時携えていた六連発のピストルを懐から取り出し、身構えました。すると、護衛の岡田以蔵が鋭く叫びました。

「先生、そんなものはかえって危ない。ご自分のお墓を背にして真っ直ぐに立っていて動かんでいてください」

そして、目の前の二人と格闘しながら叫びました。

「先生、そこを絶対に動かんでいてくださいよ。後ろにまだ二人隠れていますからね」

そして、正面の二人を見事な太刀捌《さば》きで撃退すると、万次郎の後方の墓から、二人の武士がバタバタと逃げ去っていきました。

「以蔵、そちは背中にも目があるのか」万次郎は剣術の達人の「人の気配を読む術」にはとても驚きました。

勝も万次郎も共に、岡田以蔵に命を救われたのでした。でも彼は、後に吉田東洋暗殺事件に連座し、武市半平太ら土佐勤皇党の同士らと刑死に処せられます。以蔵は武市をかばい、連日の拷問に耐えに耐えていました。疲れきって戻された牢内には、ねずみが二匹ころがっていたそうです。

武市は剣の力は認めても、無学な以蔵がいつ自白するか心配でなりません。そこで、配下を使って「毒入り饅頭」を以蔵の牢へ差し入れしてあったのです。それを、ねずみが食べて即死していたのでした。

ここに至って、身体を張って守った武市半平太が、自分をその程度にしか見ていなかったと悟った以蔵は、全てを自白したと言われています。武市半平太は武士としての切腹でしたが、岡田以蔵は斬首の上に、さらし首にされています。

勝も万次郎も以蔵を救うことはできませんでした。

「君がため尽くす心は水の泡　消えにし後は澄み渡る空」

岡田以蔵の辞世の句と言われています。切ないですが、彼なりの人生を務め終えた男気を感じさせるものがあります。

その当時、万次郎が身につけていた六連発の拳銃は、坂本龍馬も持ち歩いていましたし、和服に革のブーツ姿も同じで、自衛の武装には共通点がみられます。

これはアメリカ、カリフォルニアの金山での体験からのものだったのでしょう。

坂本龍馬はオーデコロンを愛用していたようですが、万次郎にはないので、これは龍馬一流のシャレッ気でしょうか。

小笠原諸島の開発

「咸臨丸」で帰国の三カ月後、万次郎は突如、軍艦操練所の教授を罷免《ひめん》されます。

万延元年（一八六〇年）八月二五日付辞令には、次のように記されています。

「安藤対馬守仰せ渡され候間その段申し渡され候、松平出雲守殿仰せ渡さる」

まったく、意味不明な辞令です。

その理由について「万次郎が横浜港に停泊中の外国船からパーティーに招待されると、どこへでも平気で出かけるため」と、言われてきました。

万次郎がハワイで、デーモン牧師に話した内容、スパイ容疑を受けぬため「可能な限り、外国人に近寄らないように行動している」との告白と随分と矛盾する話です。

今回、改めて諸資料を時系列に精査していくうちに、その理由ではないのではないか、もっと重要な意味が秘められていたように思われるのです。

国内的には「尊皇攘夷派」への配慮であって、より慎重な行動を求めたのでしょう。

対外的には、日本の小笠原開発準備の秘匿工作があったのではないかと思われるのです。

一八五六年に発刊されたペリー提督の「日本遠征記」を読み、一八六〇年、咸臨丸で帰途に立ち寄ったホノルルで、デーモン牧師やペリー提督の日本遠征に加わった海軍士官たちから、万次郎は重要な情報を入手し、木村摂津守と勝海舟に「小笠原の開発」の緊急性を訴えています。

万次郎は幕府に登用された直後から、勘定奉行の川路聖謨に捕鯨業の立ち上げと外洋操船技術の修練、小笠原諸島の開拓を何度も提言してきました。

ペリー提督が一八五三年六月一四日から一八日まで、小笠原諸島の父島に租借地を設けたことは、前述しました。

ペリー提督は、その直後の七月三〇日に「プリマス号」など二隻の軍艦を小笠原諸島に向かわせ、ジョン・ケリー艦長に命じて、小笠原諸島をコフィン諸島と、父島をヒルズバラ島と、二見港をニューポートと、それぞれ名付けるように命じています。

この諸島を合衆国の一部として正式に占領するように指示しているのです。

その上で「銘板を一枚、樹木に釘で打ちつけること。但し、地面に立つ人物から、手の届かない高さに取り付けるように」と、細心の命令です。

もう一枚の銘板は、一定の距離と方向の場所に埋めてくるようにと指示しました。

そのようにして、「アメリカ領土とする証拠を残してきた」と遠征記に記述してあったのです。

江戸から一〇〇〇キロの洋上に、大小三〇以上の島々からなる小笠原諸島があります。

万次郎は、ペリー提督に先駆けること七年前の一八四七年春にアメリカ捕鯨船「フランクリン号」で父島を一〇日間ほど訪れています。

この諸島の美しい自然と豊富な資源、島の実情、とりわけその位置的重要性を熟知していました。そこで、日本に帰国後、川路勘定奉行に再三にわたって、開発を勧めてきたのです。無人島をアメリカ人は「ムニンジマ」と呼んでいました。

イギリスも領有を狙っていました。

アヘン戦争後、中国に居住した英国人の避難場所として、また、日本への足がかりの拠点として父島が最適地との判断からのものでした。

ペリー提督は、小笠原諸島の父島を、アメリカの中国貿易の中継基地として重要視していました。物資の補給・石炭の貯炭場として絶好な位置にあっからです。

また、小笠原開発会社を興し、捕鯨漁を中心として、群島が自活していく提案も行っています。

こうした情報を目にし、耳にした時の万次郎の、日本領土である小笠原諸島への危機感は強烈なものであったに相違ありません。

幕府も領土問題がいかに重要であり、内密に進めていかなくては成就しないことにようやく気づきはじめていました。

辞令を出した老中安藤対馬守は、開国論者として名高い人物です。

万次郎は罷免からおよそ四カ月後の、新年早々には、罷免した安藤老中の命で、小笠原諸島の開発に、咸臨丸と三隻の船で向かっています。

外国奉行・水野筑後守忠徳を団長に、小野友五郎が艦長、万次郎は普請役格・通弁として一〇七名の一員に加えられました。

太平洋横断から帰国後の咸臨丸の補修期間、八丈島からの小笠原へ入植する住民の選出等の諸準備の期日、段取り期間ともに準備は万全でした。

また、万次郎を派遣するにあたっては、軍艦操練所の教官のままでは、アメリカとの間で、何らかの軋轢《あつれき》が生じた場合に問題がないとは言えません。無冠が望ましいことは申すまでもなく、情報の漏洩《ろうえい》を危惧した者がいたのかもしれません。

事実、アメリカのハリス初代総領事の後任として来日したロバート・H・プルン公使が、ホイットフィールド船長から預かってきた万次郎宛の手紙（前述）を渡そうと捜しましたが、万次郎の動向が一向に分からなかったそうです。

ある日、軍艦操練所で幕府の軍隊の閲兵式がありました。

プルン公使と同行していたワイオミング号のマクドナルド船長が、見物の群集の中にいる万次郎を発見したのです。

プルン公使が日本海軍の提督に告げ、呼び出しますが、なかなか現れようとしなかったそうです。

幕府役人に促され、やっと万次郎が見物人の中から現れました。

「自分は今、謹慎中の身である。だから、このように刀を差していないのだ」と言ったそうですが、外国人との接触には、細心な注意を払っていた様子なのです。軍艦操練所教授を罷免された人間が、同時期に操練所の閲兵式の見学にいくでしょうか。無帯刀の理由もわざとらしく思えます。

案外、本人も了解済みの教授外れであって、小笠原開拓準備に追われていたのではなかろうかと、考えられるのです。

出航前、一二月一日に阿部老中から、咸臨丸アメリカ御用のご褒美として、銀五〇枚、時服二着を貰っているのも、支度金等と考えるとうなずけるところです。

万次郎は何をするにも、事前準備を綿密に行っています。

小笠原開発には、アメリカみやげのアコーディオンを持参し、現地で演奏し歌をうたって、交渉の場を和やかなものに演出しているのです。

ジェノバ人・アメリカ人・イギリス人・デンマーク人・ポリネシア人が、それぞれの国旗を掲げて暮らしていました。そこで、島民を集めて、日本領土であることを納得させるとともに、八丈島から同行した日本人移民を島に残し「日の丸」を高々と揚げさせて、帰ってきます。

このように考えると、帰国直後の「太平洋横断の最大の功労者」の罷免の背景がボンヤリながら、見えるように思えるのですが、どうでしょうか。

アメリカは南北戦争（一八六一年〜一八六五年）終結後に小笠原に海軍を派遣しますが、父島二見港の丘の上に「日の丸」が翩翻《へんぽん》と翻《ひるがえ》っているのを望見し、スゴスゴと引き返しています。

この頃は、アメリカの捕鯨船が、常時一〇〇隻近くが日本の近海で操業をしていました。安政四年（一八五四年）に、万次郎は捕鯨に関する「建白書」を提出していました。

幕府も、ようやく鯨がもたらす莫大な収益に気づき、捕鯨業を興すことになりました。

鯨資源を直接、外国と売買をしないこと。捕鯨漁をしない期間は、他の用途に捕鯨船を使用してもよろしい等の条件をつけての公募でした。

万次郎の「中濱塾」で英語を学習していた越後の廻船問屋である平野廉蔵が捕鯨船を調達し、「壱番丸」と命名し、万次郎に船長をと誘いを掛けてくれました。

万次郎は大いに喜び、さっそく「壱番丸」の船長として、小笠原近海に捕鯨に出かけていきました。その際、巷間「ホーツン事件」と呼ばれている事件が発生しました。

捕鯨では大きなマッコウ鯨を二頭射止めていますが、オマケとして不良外人二人も捕らえたのです。

文久三年四月一九日(一八六三年六月五日)、兄島に給水のために寄港した時に、事件は起きました。

万次郎が現地で雇った外人水夫のスミスが、船の備品を盗みに入ったのです。咎《とが》めたところ、翌朝には、ホーツンというアメリカ人を仲間に加えて、ピストル片手に「壱番丸」に忍び込んできたのです。

カリフォルニアの金山で鍛えた度胸は、この程度の外人の脅しには、ビクともしません。

万次郎は二人をたちどころに逮捕し、当人たちの自供と証人を集めて、調書を作成しました。

生麦事件などの解決が長引き、外国からは、日本が特殊な国と見られている微妙な時期でもありました。

一方では、居留地内での治外法権を与えたことで、問題をおこした外国人への裁判権が日本国にないという、馬鹿げた実態も発生していたのです。

そこで、念には念を入れて調書をつくり、逮捕して横浜の米国大使館へ連行、引渡しを行ったのでした。

裁判が開かれました。

アメリカ側もスミスについては、罪を認めました。

ところが、ホーツンについては「高齢であること。しかも誤認逮捕であるから賠償金を払え、もし、ノーならば、米国艦隊を日本に派遣する」と、驚くべき主張をするのです。

万次郎はアメリカの正義を疑いました。自分が学んだアメリカ社会は正義に溢れ、悪事に対しては厳しい対応をとっていました。

万次郎が知るアメリカとは、信義・信頼を重視する国家でした。

なのに、これでは、ドロボウに追い銭ではないですか。

万次郎に心から謝罪したはずのホーツンでしたが、米国領事館で対面すると「一〇〇ドルをくれ。そして島まで送り届けて欲しい」とヌケヌケと言うあつかましさなのです。

「断固、許せない」万次郎の主張は揺るぎません。

この事件は、万次郎の知らないところで、一〇倍の一〇〇〇ドルもの見舞金を付けて、ホーツンを釈放しているのです。日本の若い経験不足な役人は、「事なかれ主義」で国民の血税を無意味に使い、恥じようともしません。

アメリカの公文書には「キャプテン万次郎の了解のもとに」とでたらめな記録を残しています。

「日本人として、開国日本を動かして行く気迫が足りない。外国と対等に付き合うには、それなりの気概が必要なのだ。それにしてもアメリカの正義はどうなっているのだ」

万次郎は怒り、そして悲しみました。対等とは、等しくお付き合いをすることなのです。お互いが相手を尊重し、理解しあうことで互恵関係が生まれ、そうした経験を重ねながら、育てていくものだと思うのです。

これでは、その場しのぎの「負け犬根性」しか、残らないではありませんか。

貴重な経験のチャンスを、国も、役人たちも、何の蓄積にならない方法で糊塗《こと》していってしまうのです。

「若いのだ。何事も経験になる。なぜ、問題の本質から逃げるのだ」このテーマに気づかない役人たちに、日本国近代化への道程の、前途多難さを感じる万次郎でした。

再び鹿児島へ

元治元年（一八六四年）万次郎（三七歳）は、桜島の噴煙も懐かしい鹿児島に来ていました。

西郷隆盛は薩摩藩の陸海軍の近代化を図るために、開成所の充実に努めていましたが、海軍の教授方として万次郎に着目し、京都守護職だった小松帯刀を通して幕府に万次郎の派遣を要請していたのです。

ここで万次郎は航海、造船、測量、英語などを教えていました。生徒の中には、後に日露戦争で日本海軍の連合艦隊司令長官になった東郷平八郎がいました。先進国の海軍・科学・技術の重要性を痛感した東郷は、その後二回、都合六年間の英国留学をしています。

万次郎は授業以外でも、薩摩藩の船舶購入のために長崎に出かけ、五隻の船を買い付けました。桜島丸・開聞丸・三国丸・万年丸・龍田丸と名付けられました。

その頃、郷里に母親のために新築していた、隠居所が落成したとの知らせが届きました。

願い出て正月から三カ月、そこで母親の汐（七四歳）と、親子水入らずの生活をすることができました。日本に帰国後、初めて母の沁みるような愛情を感じる日々を過ごすことができたのでした。

噂を聞いた万次郎の幼なじみも、連日のように訪れ、これまでの数奇な体験談に耳を傾けるのでした。

隠居所で過ごす万次郎に、今度は土佐藩から声がかかり、慶応二年（一八六六年）、高知の開成館に赴任しました。ここでも万次郎は、航海、造船、測量、英語の授業を行っています。

生徒には、その後、明治日本の原動力となって活躍した若き志士たち、後藤象二郎、岩崎弥太郎、板垣退助、竹内綱、細川潤次郎等多士済々が学んでいます。万次郎は貿易の利を説き、外洋船の操船技術の習得の必要性が急務であることを熱意を込めて講義しました。また、薩摩・土佐両藩ともに、海軍力の増強に取り組んでいる時期でもあったのです。また、両藩ともに京・江戸に遠く、藩の経営には海運業での繁栄が不可欠であるとの万次郎の提言を受け入れ、準備を急いでいました。

土佐藩も、船を購入することになりました。万次郎は後藤象二郎他三三名、宇和島藩を通り長崎へと向かっています。

山内容堂公から宇和島藩主の伊達宗城宛ての書状に「この度、家臣の崎行きは船の用事なり。並びに、万次郎をイモへ返し候事也」

船の購入が終わったら、万次郎を薩摩（イモ）に返すと記しているところからも、土佐藩では正規な手続きを踏んで万次郎を登用したのではなかったように思われます。

一行の中に万次郎と同郷の池道之助がおりました。道之助は中浜の庄屋の生まれと言われていますが、幼少時から文武に励み、雇足軽という武士扱いに出世していました。

文章も絵も上手で、万次郎、後藤象二郎と長崎から上海まで同行していますが、彼が残した日記「思い出岬（おもいでぐさ）」は、当時を知る貴重な資料となっています。

池道之助の日記から、以下に長崎での一行の様子を追ってみます。

「中濱氏とイギリス人とでガラバ方（グラバー邸＝カッコ内は筆者）に着く。中濱氏ガラバと手をとり、グウリデデ・グウリデデ（万次郎が編纂した「英米対話捷徑」の安否確認の第一稿には〝Ｇｏｏｄ　ｄａｙ　ｓｉｒ〟善き日でござる。と表記している）と挨拶した。

ガラバの蔵は長さが二〇間（約三六ｍ）梁六間（約一〇ｍ）と大きく、大砲・小砲が夥しくあった。ガラバと中濵氏はシャンペン、スコッチ・ウイスキー、ブランデーで乾杯した。ガラバの召使が一〇〇〇人あまり働いていた」とその繁盛ぶりを記しております。

この夕べ中濵氏の勘定にて、圓山の「小島屋」に芸子六人を呼んで三味を弾き遊んだ。皆で「土佐の高知のはりまや橋で坊さんかんざし買うをみた」と歌った。

中濵氏と後藤氏は「清風亭」に行った。長崎にいた坂本龍馬が後藤象二郎に中濵先生に会わせてほしいと申してきた。との記述はありますが、万次郎と龍馬が会ったということは、書かれていません。

各藩からの注文が多数あったのでしょう、イギリスの貿易商人グラバーは、買い手の足元を見て、ベラボーな値段をふっかけてきます。

「このオンボロ船を、よくこの値段で売れますね」と、二本差しのサムライに、流暢な英語で話しかけられ、しかも、その人物が船の価値にメッポウ詳しいことにグラバーは目を丸くして驚きました。これまで、どんなオンボロ船でも、自分がつけた値段に文句を言った日本人は、一人としていなかったからです。

グラバー邸にあった全ての船を検分した万次郎は、後藤象二郎に言いました。

「上海に行きましょう。ここよりは上等な船が多くあり、しかも安く手に入ると思います」

後藤は大砲・小銃等を多数購入したので資金不足となったことを知らせ、土佐藩では岩崎弥太郎にお金を届けさせます。

万次郎と後藤は上海へ向かいました。

そこには、イギリス、フランス、オランダ製などの船が、数多く係留《けいりゅう》されていました。

万次郎は丁寧に一隻・一隻を検分して歩き、その見るポイントを伝授して周りました。

新造船のようにペンキで塗りたてていても、万次郎の目は、ごまかすことはできません。

「船は長く使うものです。焦ってはいけません。今回は、私が見立てた三隻にしましょう。一年もすれば、必ずよい船を手に入れることができますよ。焦らないことです」

また、外部に「情報」が漏れること、外敵から襲撃される危険を避ける面から「船上での対談」を多用していた万次郎でした。

坂本龍馬は亀山社中を立ち上げ、海外との通商に乗り出していた時期でしたから、いろいろと相談することも多かったことでしょうから、両者が会ったとすれば船上だったと想像しています。

長崎から上海への旅は、後藤らに自由・平等について、今後の日本、土佐藩の方向性についての、課外授業を行う格好の機会となりました。万次郎が強調したのは、土佐藩の地理的条件と経済でした。四国山脈を越え、瀬戸内を抜けての品物運搬ではなく、商船業を盛んにすることが大切であると説明したのです。

そして「日本も土佐と同じだろう」と。

二回にわたる上海行きで、合計八隻の外洋船を購入しました。

「The Shooling」に「朱林丸」と命名しようとの案がでました。後藤が万次郎にどんな命名がよいか聞いたそうです。船の名前は、軍艦ではなく、先の運用を見越して「女性の名前か花の名がよいのでは」と提案しました。

後藤象二郎が、「源氏物語」の中から「空蝉」「夕顔」「紅葉賀」「乙女」「蜻蛉」「羽衣」「横笛」「南海」などを選び、それぞれに順次、名付けていきました。

薩摩藩の軍艦が「開聞丸」「桜島丸」と命名されたのと比較すると、何とも煌《きら》びやかな土佐藩の船名ではないでしょうか。

その後、これらの船と精神は、後藤象二郎・岩崎弥太郎の創設した「九十九《つくも》商会」から岩崎の「三菱商会」へと引き継がれていきました。

京都における土佐藩の借財の一切を、岩崎弥太郎が引き受けることが交換条件だったようです。

後藤象二郎は政治家を志し、自由党初代総裁として、自由・平等社会実現への、精神的な支柱になり、板垣退助は首相に、竹内綱（吉田茂の実父）は自由党の中核となり大活躍します。

日本中で一番封建的身分制度の厳しい藩と言われた土佐藩から、自由・平等・民主の精神が跋扈《ばっこ》していったことは、注目すべき事実ではないでしょうか。

江戸から東京へ

討幕軍の総大将西郷隆盛へ、山岡鉄舟、大久保一翁、天障院篤姫、勝海舟たちが、江戸庶民を戦渦から守ろうと必死に働きかけた努力によって、江戸城は無血開城され、一〇〇万都市、江戸町民は戦災を免れることができました。

しかし、「江戸仕草（しぐさ）」という成熟した庶民文化が定着していた巨大都市に、薩・長・土・肥の下級武士たちが、それぞれの地元から大挙して上京してきたのです。

「明治とはオサマルメイと下からは読み」という落首が読まれたように、いろいろな矛盾が露呈しだしてもいたのです。今までの「お江戸の主役」だった旗本たちが、無血革命によって、ある日突然に交替させられ、リストラの憂き目にあったのですから……。

昨日までのお侍さまが、慣れない商人や大工となって、懸命に生きる糧を模索していたのです。万次郎も幕府直参の職を失いましたが、幸いにも、山内容堂公によって、土佐藩に召抱えられ、江戸の下屋敷まで賜りました。

明治元年一二月（一八六八年）になると、新政府から開成学校（東大の前身）の英語教授に任命され、赴任します。その肩書きは二等教授でした。

参考までに、当時の開成学校、英語教授陣の編成を記しておきます。

頭取　内田正雄
一等教授　なし
二等教授　入江文郎、田中周太郎　中濱万次郎　鈴木惟一　箕作秋坪
三等教授　佐藤純吉　荒川貞次郎　緒方　正　鳥井八十五郎
　　江原征次郎　岩瀬龍太郎　伊藤昌之助　田中録之助
教授試補　立花繭之進　矢田部良吉　他一〇名

（東京大学百年史から）

明治元年から、一一年間、万次郎は江東区北砂にあった土佐藩の下屋敷に住みました。山内容堂公がくださったこの屋敷は、七〇〇〇坪の広大なものでした。

庭には大きな池があり、鴨猟ができたそうです。しかし、春・秋に行う植木や池の手入れは経費がかさみ、大変だったようで、家人がこぼすと、万次郎は言い聞かせたそうです。

「職人たちは、毎年の仕事として、ここを組み込んでおるのだ。私は働く方法がいくらでもあるが、彼らには、おいそれと他に仕事が見つからんのだ。私も節約し、家人も節約をしょう。そして、彼らには、気持ち良く仕事をしてもらおうではないか」

そして、書生に告げたそうです。

「屋敷の維持経費についても、毎月、自分に報告してほしい。もし、足りんようなら、私にはまだ働く時間と知恵があるのだから」

現在、その地は、江東区立北砂小学校となっています。同校は、万次郎の生地にある土佐清水市立中浜小学校と姉妹校になり、いろいろな交流活動が行われていると聞いております。空の上から、みなさんの活躍ぶりを見守り、万次郎もさぞ喜んでいることでしょう。

この町では「今度の殿様は乞食とも平気で話すし、お役人とも同じ調子だぜ。まったく差別をしないお方だ」と評判になったそうです。万次郎は、失業した者に仕事を紹介し、主人も家もなくなり、途方にくれながら、墨田川の橋下で、夜露をしのいでいる人たちに、食べ物を運び、病人には薬を届けていました。

「困っている人を見たら助けてあげる」

アメリカ社会で学んだ平等と博愛の精神「ノブレス・オブリージュ」を実践していたのです。「社会的に高い地位についた者には、当然、その地位に応じた責務を伴う」という西欧の精神文化があるのです。

次のような逸話があります。

万次郎のアメリカ体験談は人気が高く、宴席も多かったそうです。そんな時に、残った料理は必ず「折り詰め」にさせて、持ち帰ったのでした。料亭の女将や仲居さんたちは、陰でささやいていたそうです。

「今は大先生でも、少年の時には、漂流して餓死寸前のところを拾われたので、その体験があああなさるのだろう」

ある日、この料亭の女将が、両国橋のところを通りかかりますと、万次郎が川底に向かって、大声で叫んでいたそうです。

「梅太郎に銀次、上がってこいや。今日は君らの順番だぞ！」

そして、「折り詰め」を手渡しているではありませんか。

女将さんは、お店に帰りその様子を話しました。以降、この料亭では万次郎が何も言わなくとも、帰りには残り物の「折り詰め」を持たせたそうです。

また、こんな話もあります。

当時は隅田川での船中会談や舟遊びが流行でした。外部に情報が漏れず、刺客の襲撃への危険度も少なかったためとも言われています。そしてこれらの船へ「物売り」に行くのが、たいそうな稼ぎになったそうです。そこにある浪人が目をつけ、新たに参入しようとしました。

すると「ここは薩長の縄張りである」と、どう頼んでも、商売をさせてもらえないと、万次郎に泣きついてきたのです。

万次郎が出かけ、その親分と話をつけて、船の商いを認めさせたそうです。このようなこぼれ話が、いくつも語り次がれています。

また、幕府の蕃所取調所画学局にいた高橋由一のパトロンになり、彼の画いた油絵を旧大名家に売り込み、新しい美術・文化の発展に一役買ったりしています。

外出の帰りには必ず蕃所に立ち寄り、だれそれの家に子供が生まれた。どこの家人が風邪をひいて寝ている。などの「情報」を聞き出しては、子供の生まれた家には「木綿の反物」を、病人宅には「薬」を家人に届けさせたそうです。

政府の役人からそうした行為をやめるように言われた時には、人間だれしも運・不運があるもので、本来は「皆が平等である」ことを丁寧に説いたといいます。

明治三年（一八七〇年）、万次郎のもとに、新政府から普仏戦争（プロシァを中心とするドイツ諸邦とフランスとの戦い）の視察団に、通訳として参加するよう要請がきました。学生への英語授業も軌道に乗り出した時期でもあり、「通訳」での参加には、正直、あまり魅力は感じませんでした。

ところが、この欧州出張のスケジュールを見ると、アメリカ経由で、しかもニューヨークに数日間滞在する予定になっていたのです。万次郎は目を輝かせて、再度、確認してみましたが、間違いありません。

万次郎の胸には熱い思いがこみ上げてきました。ニューヨークからフェアヘーブンなら、目と鼻の先の距離ではありませんか。

「何とかすれば、今度こそあの方に会えるかもしれない」

そう思うと興奮を隠しきれません。

「ホイットフィールド船長にお会いできれば、これまでのお礼が、直接にお伝えできる」

明治三年八月二八日（一八七〇年九月二三日）、大山弥助（巌）、品川弥二郎、林有三等、七名からなる視察団は、アメリカ客船「グレート・リパブリック号」で、横浜を出港しました。もちろん、少年のように胸を躍らせて、出発のドラの音を聞く万次郎が乗船していました。

サンフランシスコには九月二三日（一〇月一七日）に着きました。

万次郎にとっては、三度目の地です。サンフランシスコへの愛着は大きく、家人にその想い出を、数多く語り継いできています。そこから、シカゴに向かい「ナイヤガラの滝」を観光に訪れました。

一〇月二八日に、ニューヨークに入り、イギリス行きの船便まで、五日間ここに滞在の予定でした。一〇月三〇日、万次郎は二日間の休暇を願い出て、フェアヘーブンへと向かったのでした。

感激の再会

フェアヘーブンに着いたのは、最短距離を急いだのですが、夕方になってしまいました。懐かしい街並みは、青春時代を過ごした頃とまったく変わりなく、人々は、まもなく夕食、そして静かな眠りに就こうとしていました。

静かな街路に万次郎の足音だけが響きます。

スコンチカットネックの農場のある家は当時そのままでした。

「やっと会える」震える手で、玄関ドアをノックしました。

「こんばんは」

「どなたですか」聞き覚えのある奥様の声、アルバティーナが、ドアを開けてくれました。

「ただ今、帰りました。奥様、船長、ジョン・マンですよ」

「エッ、ジョン・マンですって。マァ、なんてこと。あなた、信じられますか、ジョン・マンですよ。ジョン・マンが帰って来ましたよ。夢のような……おお神様、これは奇跡でしょうか」

「何を騒いでおるのじゃ。なに、ジョン・マンが、何だって……。

おぉ、おぉ、ジョン・マンじゃないか。ジョン・マンじゃないか。驚いたぜ。夢じゃなかろうね。本当にジョン・マンが我が家に立っているぜ！」

二人はこれでもかという力で、抱き合いました。長い、熱い涙の抱擁でした。

「ここまで、お育ていただいたお礼を述べたくて、ただ今、戻りました。遅くなり申し訳ございません。奥様も、どうか私をお許しください」

「何を言っているの、ジョン・マンは私たち夫婦の息子なのよ」

夫人の目にも大粒の涙が溢れています。

カリフォルニアの金山へ向かって、この家を出てから、実に二一年が経過していました。やっと、再会は叶ったのです。

船長さんは長男（ウィリアム坊やが早世していますから、正確には次男）マーセラス（一五歳）、長女のアルバティーナ（一七歳）二女のシビル（一三歳）を順番に紹介してくれました。

万次郎も自分の家族について、話しました。

娘ふたりと三人の息子がおり、末っ子は未だ二歳ですが、長男は自分が船長さんに、助けられた時と同じ年頃になると…。

「ジョン・マンの子供が、そんなにも大きくなったのかい」

船長と万次郎は、時の流れの早さを、改めて感じるのでした。

お互いに、頭には白いものが目立つ年齢になっていました。

でも、万次郎には船長は船長、昔のままなのでした。

顔には精気がみなぎり、広い肩幅、背が高く大股に歩く姿、みんな、みんなあの頃と同じに見えます。

あの、無人島での「運命の出会い」から、三〇年も経っているというのに……。

万次郎の頭の中には、あの時の喜びと、船長のお顔が、ずっと、ずっと脳裏に刷り込まれたままになっているのです。

「自分は、頭には白いものが目立つ、四三歳になりましたが、気持ちはまったくあの頃のままなんです」

ジョン・マンの言葉に、ホイットフィールド船長が大きく頷きました。

「私は六五歳になったが、気持ちとやる気は、いつも今が絶頂期を迎えていると思っているのだよ」

懐かしい思い出話、あれからの自分、話の種は尽きることがありませんでした。

かつて、自分が使わせていただいていた部屋で、万次郎がベッドに入ったのは、東の空が明るんでくる頃でした。長い間、ずっと気になりつづけてきたこと、直接お会いして、自分の口から、これまで育てていただいた恩義へのお礼と、何の挨拶もせずに帰国したお詫びが伝えられたのです。

重い荷を肩から下ろせた安堵感で、万次郎は深い眠りについたのでした。


翌日は、早朝からとんでもない大騒ぎになりました。「ジョン・マンが帰ってきた」とのニュースを聞いた、オックスフォード・スクール、スコンチカットネット・スクール、バートレット・アカデミーで、共に学んだクラスメートをはじめ、教会での友人、船での友人たちが、ドッと押し寄せてきたのです。

その数は、ドンドンと増えていきました。

「ジョン・マンがお礼を述べに帰ってきた！」

「おい、聞いたか、ジョン・マンだよ。あのジョン・マンがはるばる日本からやってきたそうだ」

フェアヘーブンの街中にニュースが流れ、新聞記者も訪ねてきました。昔の仲間は、いくつになってもいいものです。肩を組み、一団となって、フェアヘーブンの街を歩きました。公会堂も図書館も教会も、バートレット校も、全てが昔のままでした。

万次郎は友人たちと話をしながら、思うのでした。

自分はこの町を〝第二の故郷〟と思って生きてきたことを。

漂流し、一〇年後に日本に戻ったのが「帰国」ならば、二一年目の今も、〝故郷への帰国〟ではないのかと……。

そして、思うのは、「二つの帰国」で、過ごせる時間のなんと短いことか、母とは三昼夜、命の恩人であり、アメリカの父とは一昼夜しかないのです。

もう、別れの時間が、きてしまいました。

船長の家族との握手を終えて、万次郎は船長の馬車に乗りました。

「グッド・ラック、ジョン・マン。また、会おうぜ」多くの友人たちが口々に呼びかけ、懐かしい校歌を歌って送ってくれました。船長がニューベッドフォードまで、送ってくれました。

しかし、世界一の捕鯨基地で繁栄を極めたこの町に、かつての面影はありませんでした。一八五九年にペンシルベニア州オイルクリークで石油が発掘されてからは、捕鯨業は衰退の一途をたどり、この町は次の役割を求めて、模索しているところのようでした。

「ジョン・マン、お別れだ。実に楽しかったし、何よりも嬉しかったぜ。また、会おうじゃないか。そうだ、今度は私が君を訪ねよう。何時頃がいいかね」

「明日にでも…」

ホイットフィールド船長は、大きく笑い、嬉しそうに万次郎の肩をポンポンと叩き、固く手を握りながら、

「健康に気をつけて、幸運を祈っているよ。そうだジョン・マンよ、今度、会う時は、お互いの子供たちと一緒がいいな」

翌日のニューベッドフォードの地元紙「モーニング・マーキュリー」は万次郎の訪問を詳細に報じました。

「一四歳の日本人漂流少年だったジョン・マンは、ホイットフィールド船長夫妻に、わが子のように可愛がられ、この地で養育された。船長は、早くからジョン・マンの才能を見

抜き、上級学校であるバートレット・アカデミーへと進学させた。彼はその期待に見事に応え、優秀な成績で卒業している。

その後、この地で捕鯨船の航海士として活躍した」と、この地での万次郎を紹介し、日本への帰国のために、フオーティー・ナイナーとして、カリフォルニアへと旅立っていった。

そして、日本への帰国、祖国での活躍ぶりを伝えている。

その彼が、長年にわたり思い続けていたが、果せなかった〝唯一の願い〟は、船長夫妻に直接会って、これまでのお礼を述べることだった。そのために、彼は、はるばる日本から、再びこの地を訪れ、念願の思いを果したのである。

「日本人は恩義を忘れない。日本人は実に礼儀正しい」と日本人を好意的な表現で賞賛し、「恩人であるホイットフィールド船長と共に馬車に乗り、燃えるように紅葉した楓の葉が降りそそぐ中を、ジョン・マンは、名残惜しそうに手を振り、何度も何度も頭を下げながら、この町を去っていった」と美しく結んでいます。

一〇月二日、ニューヨークを「ミネソタ号」で出港した視察団一行は、一六日にイギリスのリバプールに着きました。そこから汽車に乗り、翌一七日にロンドンに入っています。ところが、ここで思わぬアクシデントが起こりました。

万次郎の足にできた腫瘍が悪化し、完治させるには「通院が必要である」との医師の診断です。

普仏戦争は、プロイセンの勝利で終戦していたことでもあり、万次郎は一行と別れ、ロンドンで足の治療に専念することになりました。約一カ月の通院・治療でしたが、この間、万次郎はイギリス社会を学ぶ絶好の機会となりました。

なかんずく、イギリス国民の皇室を「敬愛する気持ち」を、万次郎は理解しました。アメリカの民主主義と異なる、イギリス式の議会制民主主義を勉強する良い機会となったのでした。

アメリカは独立に際し、イギリス皇室と遠戚にあるジョージ・ワシントンをして国王とし、アメリカにも皇室をという動きがあったのです。ジョージ・ワシントンは「自由にして平等な民主国家樹立」を譲らず、その後二期八年間、一票の反対票が彼に投ぜられることがなかったと、三期目を勧める多くの議員や国民に、誰でもが大統領になれる自由にして平等な国家を求めて、この新天陸に来た人々のことを忘れてはいけないと頑としてこれを受けず、以降、生涯を慈善活動に捧げたと、学校で教わりました。

万次郎が最初に帰国した時に、大事に持ち帰った「ジョージ・ワシントン一代記」には、その精神がズシリと重く収まっていたのです。

航海術・測量術・英語等は確実に伝えられたと思うのですが、民主主義、自由・平等の精神、ノーブレス・オブリージ（高い身分に応じた道徳的な義務）の精神、シーマンシップ、フレンドシップといった精神文化は、明治という富国強兵を急がねばならない国家的な課題の影に、どうしても浸透していかないもどかしさを感じながらの、祖国への船旅でした。


明治四年一月八日（一八七一年二月二六日）、万次郎は一人神戸港へ帰国しました。

そして、深川砂村八右衛門新田（江東区北砂）の自宅で、中濱塾の教鞭をとりだしました。中濱塾で学習した生徒には、文明開化の明治時代に、各分野で活躍した人材が多数います。

学んだ時期などは順不動にしますが、名前だけ列挙しておきます。大山巌、榎本武揚、大鳥圭介、西周、細川潤次郎、平野廉蔵各氏と多士済々です。それぞれが、個人授業で進められたもので、順番を待つ者は、万次郎の子供たちの「子守り」を担当したそうです。帰国の年に、万次郎は軽い脳溢血で倒れました。

幸いにも命はとりとめましたが、軽い言語障害と下肢の麻痺が残りました。が、医師団の懸命な治療によって、半年ほどで全快しています。なんと生命力の強い星の下に生まれた男なのでしょう。

病後は、もっぱら山内容堂公を訪ねては、時節談義に花を咲かせていましたが、翌、明治五年（一八七一年）六月に、容堂公が突然に、病死してしまったのです。万次郎より一歳若い享年四四歳でした。万次郎とは、とても気が合い、万次郎の再婚相手が、医者の妹であることから「おい、今度は病気の心配はしなくて大丈夫だぞ。兄貴の医者が親戚なんだから……」との祝辞が、人の世のはかなさを物語る逸話として、物悲しい響きで子孫に伝えられてきています。

その後、万次郎はいっさいの公職から退きました。

勝海舟から明治政府への参画を、再三にわたり打診されましたが、応じようとはしませんでした。が、万次郎の子供たちは海舟のもとをよく訪れて交流を深めています。

新しい政府には、かつての自分の教え子たちが、公・侯・伯・子・男爵となり、懸命に「新日本建設」に邁進していたのです。万次郎は新政府について、新聞記者などから「どう思いますか」と問われても、常に沈黙を守り通しました。

無言の応援歌だったのかも知れませんし、自分が信じ、志した社会とは、民主的な社会であり、誰もが自由にものが言え、自由に職業が選べる平等で格差のない社会の実現にあったからかもしれません。

そんな万次郎が、積極的に活動したことが、ふたつあります。

日本の陶磁器産業の祖といわれる森村市左衛門と親しくなり、外国人にはどのような絵柄や形のものが好まれるか、相談に乗っています。

顧問役のような存在でした。

「来なさい。日本の産物をたくさん持って」恩人、ホイットフィールド船長の手紙の文言を、忘れてはいませんでした。

六〇代になっても、海に出て操船を自身で行い、外国との交易の準備を怠りなく続けていたのです。

また、自分が幼い時に父を亡くし、たちまちにして極貧の生活を強いられたニガイ体験からか、生命保険の仕組みや必要性を、後に明治生命保険会社を創設する阿部泰蔵に、詳しく伝えるなど、民間の仕事に熱心に取り組んでいたのでした。

幕府直参になった時に、自ら命名した「中濱万次郎信志」、自分の志を信じて生きていこうと誓った通りの行き方を貫きました。

「信志」は音読みで「しんし」、これは「紳士」でもあります。

万次郎は日本的な「国士」でもあり、アメリカ的な「ジェントルマン」でも、ありました。

日米の知識人が、運命の糸による合作でつむぎ出した、「痛快な男」だったようにも思われるのです。

万次郎の子供たち

万次郎は生涯に、三回の結婚をしています。そして、五男二女に恵まれました。

最初の妻「鉄」は、結婚後わずか八年、二四歳の若さで、当時の江戸で大流行した「ハシカ」に罹り、亡くなりました。一男二女を残しています。

二度目の妻は、細川越中守の御殿医、樋口立卓の妹で、細川家の江戸屋敷の祐筆《ゆうひつ》を務めていた才媛「琴」でしたが、離婚後の明治八年に、「白血病」で亡くなっています。二男を残しました。

晩年の三度目の妻は、仙台藩家老沼田家の養女「志げ」で、二男を残しました。

長女、壽々は、両親に似て明朗・快活な性格で、母親役を務め、幼い弟妹の面倒をみながら、生涯を独身で通しました。

二女の鏡は野島家に嫁いでいます。長男の東一郎は、東大医学部で森林太郎（森鴎外）と同期です。東大を卒業後共に、ドイツのミュンヘン大学に留学し、ペッテンコーフルに師事し公衆衛生学の研究に、心血を注ぎました。

帰国後は、東京衛生試験所長・初代東京医師会会長・初代日本保険医協会会長等の要職を歴任しました。日本医師国家試験策定委員長なども務めています。

二男の西次郎は、東大建築学科を卒業後、建築家になりました。

主な設計では、共同で帝国ホテル、日赤病院、単独設計で細川家別邸、鎌倉病院などがあります。

三男の慶三郎は、幼い頃から海に憧れ、父の勧めもあり、父が、ホイットフィールド船長が、推薦してくれたのと同様に、航海士養成学校の攻玉社に進学しました。高等数学、航海術、測量術などを学びました。

まさに、万次郎の後継者の道を歩み出したのです。

卒業後は一学年一〇名内外しか採用されなかった難関中の難関、海軍主計学校へ進み、現場経験を積んだ後、日露戦争では、舞鶴鎮守府で日本海軍の兵站《へいたん》分野を一手に任されました。

戦後は政府委員として旅順に渡り、ロシア兵捕虜を早期に祖国に送還、戦利品の処理など日露戦争の後始末を行っています。

明治海軍の主計畑では、最高位の主計大監で退役しています（日露戦争後、軍備拡充の中で、主計官にも将官が誕生します。後に主計大監は主計大佐と呼称されるようになりました）。

筆者は、この慶三郎の孫にあたります。

四男の信好も、外国航路の航海士を目指しました。父は知人である「長明丸」の船長に船員としての育成を要請しました。

「長明丸」に乗り、初の遠洋航海に出た信好でしたが、訪れたマニラで、「赤痢」に罹り病死しています。アメリカ人医師、日本人医師の館山守司ドクターの懸命な治療も、及びませんでした。

「大事なご子息をお預かりしたにもかかわらず、まことに申し訳ない」

「長明丸」船長の手紙には、明治二八年七月三一日、死去と記されています。

五男の秀俊は、長男の東一郎が東京に建設した医療施設で、防疫医療のために熱心に働きました。


鎌倉は、長谷大仏のすぐ前に「財団法人　鎌倉病院」があります。

その入り口には、御影石に「鎌倉病院」の文字が、深く掘り込まれた門柱が、まるで史跡を示すかのように立っています。

今ではこの門柱のみが、往時の面影を残す唯一のものとなっています。この病院は、万次郎の子供たちが、父の教えを具現化したものでもあったのです。

兄弟三人が集まりました。まず、土地捜しです。

「結核の入院治療」が最大の目的の病院で、併せて、その脇に父親のための隠居所を建てる計画です。

場所は父の故郷に似た鎌倉がいいと決まりました。

三男の慶三郎は、佐世保鎮守府の拡張工事を担当した経験から、土地の取引には精通していました。

そこで、当時は横須賀鎮守府の水雷艇主計長だった慶三郎が、休日になると鎌倉中を探し回ったそうです。

船上での生活が続きますので、陸に上がると、努めて歩くようにしていたので、目的ができたと喜んでいたようです。

材木座・大町そして長谷が候補地に残り、兄弟三人で検分した結果、長谷の大仏前に決まりました。

大町の土地は、病院にはしませんでしたが、慶三郎自身はだいぶ気に入ったようで、自分の資金で購入しています。

設計は二男の西次郎が担当しました。

入院患者の部屋には、朝日が射すように、病院関係者よりも、患者の待合室・病室を立派なものにしたいといった、兄弟の提案を全て設計に取り入れたそうです。

経営は長男の東一郎と日本橋病院の岡本武次院長との共同経営で、明治三二年に開設され、東一郎が初代院長に就任しました。

落成を楽しみにしていた万次郎でしたが、「鎌倉病院」の開所式を目にすることは叶いませんでした。

この病院の運営は、貧しい患者さんの支払いの相談に応じるなど、博愛精神に溢れた診療を続けたそうです。

大正一〇年になり、中濱家は経営から離れました。

その二年後に、関東大震災が起きました。鎌倉病院も大きな被害を受けましたが、西次郎の設計した病室棟はビクともせず、大勢の震災による負傷者の治療場所にあてられました。

建てかえの際に見ると、各病室の梁《はり》の太さは、通常の二倍の太さがあったそうです。

震災時には、鎌倉の方たちから、数多くの感謝の言葉が寄せられたと、伝え聞いています。

現在は「社団法人　鎌倉病院」として同じ場所に存続し、診療が続けられています。

第8章　万次郎の夢

中濱万次郎肖像画

託された手紙

この季節、紫陽花《あじさい》が美しい。実に雨の似合う花だ。

万次郎はこの花が、大好きでした。

例年、梅雨になるとこの花に格別な愛おしさを覚えるのです。

おそらくは自分が南海の孤島から、奇跡的に救出された運命の日、一八四一年六月二七日との心理的な関わりが大きかったのでしょう。

よくぞ、生き延びたものだ、いや、よくぞ見つけてもらえたものだとの感慨にふけるのでした。


思えば、あの年の六月、南海孤島「鳥島」には、梅雨などはありませんでした。

いえ、むしろ、雨などは一滴も降らない日々が続いていたのです。

連日、頭の上からは、直角に太陽が照りつけ、日差しをさえぎる木陰さえない火山島でした。

はだしの足で歩く地面は、熱く焼けており、まともには歩けないほどでした。

たまに降る雨はザッと降り、サッと上がってしまうので、溜めようもありません。むしろ、降らずにいてくれた方が、ヒリヒリと乾くノドには、我慢ができたぐらいの思いで、空を見つめていたのです。

食べ物といえば、今までは逃がしてやっていた小指の先ほどの「小さな蟹」さえも、見つからなくなっていたのでした。

海辺の海草ぐらいしか手に入らなかったのです。

歩くのさえも面倒だと、皆は洞窟に横たわっている時間が日に日に長くなってきていました。

「おそらくは、助かるまい。これまで、この島で生き抜いた証をどう残そうか。どのようにすれば、後に家族が自分だと分かるかと……」誰一人として口にはしませんでしたが、みんなが同じ思いでいたことでしょう。

絶望の崖ッ淵に立っていたのですから……。

しかし、あの時は、よくボートまで泳げたもんだ。火事場の馬鹿力と言おうか、アメンボウのように、か細い体が幸いしたのだろうか。

束の間の陽光の日でした。

毎年、この季節になると繰り返す同じ回想に浸りながら、長男、東一郎宅の庭に咲く紫陽花の花を眺めていた万次郎を、三男の慶三郎が訪ねて来ました。

慶三郎は、海軍省経理局に勤める主計大尉でした。

「久しぶりだな、たいそう忙しいと聞いておるが、元気そうじゃないか。ところで何の用だね、結婚の報告かい。だったら、喜ばしい限りだがね。

慶三郎、まもなく三〇歳だろう。何しろ明治元年八月生まれだから、覚えやすくて良いが、少々、ノンビリし過ぎじゃないのか。早く、おまえさんの孫を抱かせて欲しいものだ」

「父上、大本命はバッチリ射止めておりますので、ご安心ください。帰国後には、ご紹介できると思っております。

実は来月、アメリカへ行くことになりまして、ご報告かたがた、ここぞというポイントなどを、ご教示いただきたくてまいりました」

朝鮮半島の領有を巡って、日露の緊張が日毎に高まっていたのです。

露・仏・独による「三国干渉」に対して、日本は大幅な譲歩をしたのですが、情勢の好転は見られませんでした。

むしろ、帝政ロシアは、従前よりも露骨に、朝鮮半島への影響力を強めて来てしまう結果となっていたのです。

日本を「東洋の弱小国」と、完全にみくびっているような言動が続いてもいたのでした。「もはや譲歩の余地はない。わが国の防衛のために戦争もやむを得ない」という意見が、次第と世論となっていく情勢でした。

やっと、大日本帝国憲法が発布され「明治二二年（一八八九年）二月」、翌二三年一一月に施行、日本が近代化への道標を確立して、その緒に着いたばかりの時期でした。

とても大帝国、ロシア相手に戦える国力などはついてはおりません。

庶民の気持ちを代弁すれば、幕末の「黒船来襲」と同じように、恐怖そのものの国際情勢がめまぐるしく展開されていたのです。

ただただ固唾を呑んで、見守るしか手立てがないのが、いつの時代も代わらない庶民の心情なのです。

日本とロシアとの戦力比較では「国家予算は一対一〇、戦費・兵力・戦意などの総合力比較で、やっと二対八であろう」というのが、世界の軍事専門家たちの、ほぼ一致した論評でした。

日本の近代化への道は、スタート直後から、国家存亡の大ピンチに直面していたのです。特に戦争という不幸な事態を想定しますと、海軍の戦艦の数は、日本が拡充を急がなくてはならない喫緊の課題となっていました。

そこで、日本政府はイギリスに軍艦建造を注文し、逐次、新造艦が進水されてきていました。

ロシアも日本と同じく、自国で戦艦を建造する工業力は、持ち合わせてはいません。したがって、どちらの国家予算が多く、購買力があるかで、この戦争の帰趨が決まるといっても過言ではない状況でした。

国民の意識、兵隊の熟練度や戦意などは、あまり勝敗に影響しないというのが主流の考えとなっていたのです。

万が一、日露が戦争状態に突入した場合を想定しますと、世界のニューリーダーであるアメリカの理解と協力が、なんとしても必要であり、日本政府と海軍の重要な外交戦略となっていきました。

そこで、戦力拡充・外交的な結びつきの強化、どちらかと言えば、友好強化の目的で、日本政府はアメリカに軍艦の発注を決定しました。

明治三〇年（一八九七年）二月に、ペンシルバニア州フィラデルフィアにある「クラムプ社」に巡洋艦「笠置」を、カリフォルニア州サンフランシスコの「ユニオン社」に巡洋艦「千歳」の建造を依頼したのです。

この度、この二艦の建造の竣工が近いことから、回航委員の選定が進められていました。

その結果、中濱慶三郎海軍主計大尉は、明治三一年（一八九八年）六月九日に、内閣府に呼ばれ、巡洋艦「笠置」の回航委員を命じられたのです。

サンフランシスコまでは、「笠置」「千歳」両艦の回航委員の統括任務も併せ命じられました。

総勢二〇〇名程度が、アメリカへと向かうことになりますが、その責任者となったのです。

「出港はいつ、どこから、いつまでアメリカに」父が聞きます。

「七月一六日（土）横浜港からアメリアの汽船でサンフランシスコに向かいます。アメリカでは、試運転期間を含めまして、約四カ月間滞在の計画です。

「笠置」への艤装は、イギリスのアームストロング社で行います。

航路は、ニューヨーク経由でイングランドのプリマス港にて補給、アームストロング社のあるニューキャッスルに向うというものです。したがって、帰国は順調にいって、来年の五月中旬頃の予定となっています」

「約一〇カ月か、長くなるな。健康が何よりも大事だ。ところで、フィラデルフィアならフェアヘーブンは近いな……」

アメリカのサンフランシスコ、ニューヨーク、そしてイングランドと懐かしい地名に、数々の思いが浮かんでくるのでしょうか　しばらく沈黙していた父は、何かをジッと考えている様子でした。

そして、目を輝かせながら、切り出しました。

「よし、手紙を書いて一六日に慶三郎に渡すことにしよう。なんとしても、ホイットフィールド船長さんのご遺族、できれば長男のマーセラス君にお会いして、私の手紙を渡して欲しい。

そうだ、私も久しぶりに、横浜港に出かけよう。アメリカの外洋船に乗ってみたくなった。慶三郎、一六日は横浜港まで見送りに行くことにするよ」

万次郎の脳裏には、ホイットフィールド船長が別れぎわにいったひと言、「今度会うときは子供たちと一緒にしようぜ」が鮮明に蘇ってきます。

恩人、ホイットフィールド船長が亡くなったのは、明治一九年（一八七六年）二月一四日（土）の早朝で、享年八二歳の大往生でした。

その知らせが父の元に届いたのは、明治一九年二月末のことでした。

父の深い悲しみの日々を、一八歳だった慶三郎は、今でも鮮明に記憶しています。

しかし、あれから早くも二〇年以上の歳月が経っているのです。一家はまだあの当時の家に住んでおられるだろうか……。

「私も是非お会いしたいと思っていました。必ず父上の手紙は、お届けしてまいります」

慶三郎は七一歳になる老父に、キッパリと誓いました。

この後、海軍省に戻らねばならない用件がある慶三郎でした。

父は言いました。

「七月一六日に列車の中で、十分に話せる時間があるじゃないか。お国の用事だ。早く戻りなさい」

慶三郎を送った後、父は、ある感慨を覚えていました。日本の危機にあたり、自分の息子が「アメリカとの友好の絆」をより強固なものにするために、渡米するというのです。自分が果したのは「日本開国」そして、このたび、息子は「日本の自主独立を守る」ために、アメリカへ行くというのです。

「開国」と「自主独立」は、自分の命懸けの帰国の夢でもあったのです。父から子への、不思議な「運命の糸」を感じないわけにはいきませんでした。


一カ月後の七月一六日（土）午前七時三〇分。新橋駅前は溢れんばかりの人で、ごった返していました。「笠置」「千歳」両巡洋艦を引き取るために渡米する一八九名と、その見送りの人たちです。

その人ごみの片隅で、万次郎は慶三郎に手紙を渡していました。長男の東一郎と彼の娘の綾子、次兄の西次郎の三人が、まわりをかこんで、見つめています。

「慶三郎、頼んだぞ！」

「ハイッ！　責任をもって」

慶三郎がそれを懐に納めるのを待って、万次郎は言いました。

「慶三郎、日本海軍の代表として行くのではなく、日本国の代表として行くと思え。引率する兵士諸君の規律と健康にはくれぐれも配慮を怠るな。これだけだ。伝えたいと考えてきたことは……」

そして、幾多の波乱を生き抜いた万次郎の両手が、しっかりと慶三郎の右手を包み込んでいました。

「身体に気をつけて、アメリカのみやげ話、楽しみにしているぞ、慶三郎」

父から子へと、握った手から手へと、アメリカへの思いが伝わっていきました。

「父上こそお達者で！」

慶三郎も父の手を、力強く握り返しました。兄二人と改札口へと向かう慶三郎の背を、父は微笑みをもって、見送っていました。本当は横浜まで行きたかったに違いないのです。兄弟の誰もが、横浜港でアメリカ客船「ドーリェ号」に、出港までのわずかな時間ですが、乗船することを楽しみにしていた父を知っていました。ところが、新橋から横浜までの汽車の切符が、二枚しか買えないとわかると、父は兄弟で行くようにと言い遠慮したのです。自分はここで見送ると。

次男の西次郎がいくら勧めても、父は聞き入れません。

「私はここで送る。兄弟が仲良く、これからの日本国に、どのように尽くしていけるのか、列車の中で話して欲しい。東一郎も西次郎も、これから外国へ行くチャンスが、いくらでもやってくる時代だ。誰が出かける時にも、今日のように、兄弟で見送り、その意味をおたがいが、確認するようにして欲しい」

ホームの中ほどに来て、慶三郎が振り返ってみますと、孫の綾子の手を握った父が、先ほどの場所にずっと立ち続けているのです。

その姿は、慶三郎の脳裏に「影絵」のようにきざみ込まれるのでした。

午前一一時三〇分、横浜港に出発のドラの音が響きました。横須賀の基地から駆逐艦で駆けつけた、海軍軍楽隊が奏でる勇壮な音楽と、見送りの人々の声援、五色のテープの舞う中を、慶三郎ら回航委員一八九名を乗せたアメリカ客船「ドーリェ号」は、アメリカを目ざし、未来へと繋ぐ大きな航跡を残して、ゆっくりと横浜港を出航していきました。

レクイエム

七月一六日、横浜港を出航したアメリカ客船「ドーリェ号」は、太平洋を順調に航行していました。父の注意事項であった兵士の健康状態。今朝の点呼でも、兵士たちは、総員が元気一杯でした。

朝の体操を終えたデッキから、慶三郎は大海原を眺めながら、父の教えを思い出していました。

自分の渡米にあたり、もっと伝えたいことが、たくさんあったのではないだろうか。

子供たちの教育に関しては、英語のマスター以外は、「嘘をつくな、正直に生きろ」「何事も決して諦めてはいけない」といった道徳的なもので、細かなことには、いっさい口を出さない父でした。

しかし、倅たちの質問には、じつに丁寧に応えてくれました。慶三郎との話題は、ほとんどが航海のこと、海軍のことでした。なかでも、二つの話題が脳裏に刻まれています。

ひとつは、投票で同数だった捕鯨船「フランクリン号」での船長選挙のことです。

決戦投票をせずに、エーキン一等航海士に譲った理由を聞いたのです。

父の答は次のようなものでした。

「航海で一番大切なことは、クルーのまとまりだと常に思っていたのだ。エーキンさんが船長になれば、彼は半数の支持票なのだから、余計に慎重に考えて行動するだろう。事実、彼は見事な船長ぶりを示したものだ。

一方の私は、半数もの理解者を得たので、もう、それで十分に満足だった。よし、もっと頑張って、みんなの信頼を獲得しようと努力したものさ。フランクリン号は船長選挙で、よりクルーの結束が強まったというわけさ」

この話題を思い出した時に、慶三郎は新橋駅での父の行動が、理解できたように感じました。

次兄の西次郎は何事にも、遠慮がちなところがありました。ここで、西次郎を残しては、兄弟たちのためには何も残らない。父が譲ることで、兄弟の結束をより強めようと考えたのではないだろうか。そういう方法が、父の流儀のようなのでした。父は兄弟を平等に愛し、評価してくれていました。

これからも兄弟三人が、結束し協力しあって、人生航路を進むようにと、教えたかったのではないだろうか……。

二つ目は、アメリカの風習に関することです。

父が暮らし学んだ、ニューベッドフォード・フェアヘーブンの港町では、年に一度、航海に出たまま、消息を絶ってしまった船乗りたちの、無事の生還を祈って、海に花束を投じて、祈る風習があるという話です。

「日本のお盆は死者への供養だろう。アメリカのお祈りだって、生存はあまり期待できそうもないケースばかりさ。むしろ〝鎮魂〟という意味あいが強い風習だと思っていた。ところが、宗教家に聞くとそうではないそうで、〝甦る〟という深い意味があるのだそうだ。私は理解不足でよう説明できんが、それからは私も、この風習を必ず行うようになったのだよ」

父はユニテリアン系の教会に通っていましたが、日本では、晩年に下谷区（江東区）谷中の仏心寺の和尚さんや、鎌倉の長谷寺の住職さんと大変懇意にしていました。

おそらく死生観について語り合うことが、たくさんあったのでしょう。

慶三郎は海軍だからと、父と一緒に迎える新年には、明治神宮、深川の冨岡八幡宮、鎌倉鶴岡八幡宮のいずれかにお参りに行きました。

「慶三郎、神さまは七・五・三なのさ。七割は自分の誓いを奉上するところ、三割はその誓いへのお力添えのお願いだよ。五割はこれまでのご加護のお礼だ。五・四・一より七・五・三のほうが、ゴロがいいだろう」

冗談とも本気ともとれる話を、なるほどと聞きました。「神前には誓いをたてに行くところなのだ」主計学校入学の年、一八歳の時が思い出されます。

「ドーリェ号」は七月二六日にホノルルに到着、乗客の一部が下船し、同日に出港、八月二日にサンフランシスコに到着しました。瀬川米国代理領事はじめ、多くの邦人が押し寄せて、大歓迎を受けたのです。

ここで、「千歳」回航メンバーと別れ、翌三日の早朝、「笠置」回航委員は、汽車でシカゴに向かい、ここで一泊、八月九日に目的地であるフィラデルフィアに到着しました。

アメリカ大陸の広大さ、気温の寒暖の激しさなど、楽な移動ではありませんでしたが、停車する駅ごとに、アメリカ市民が大歓迎で迎えてくれるのには、新鮮な驚きでした。どの都市でも、実に心のこもった歓迎なのです。

花束や飲み物、地元特産のお土産などが、用意されているのでした。これは、慶三郎の疲れた心身に、何よりの特効薬となったアメリカ大陸横断となりました。

到着後、何事にも優先して、父から預かった、ホイットフィールド船長の長男マーセラス氏への手紙を郵送しました。

ここ、フィラデルフィアでの滞在期間は、三カ月ほどになります。その日程と滞在先の連絡方法も、併せお知らせしておきました。

ところが、郵便事情なのか理由ははっきりしませんが、後日、思わぬ事態になりました。

一〇月二四日、発注先のクランプ社から日本側に、巡洋艦「笠置」が引き渡されました。連日、試運転が行われ、細かな調整がなされていました。

これで、艦船としては完璧な出来上がりになりましたが、これに大砲や水雷などの、戦艦としての艤装を施す必要があります。

日本の戦艦のほとんどが英国製でしたので、それらの軍艦との砲弾の汎用性や操作性を考えて、「笠置」への艤装はイギリスのアームストロング社で行うことになっていました。もう一隻の「千歳」の艤装は日本で行う計画です。

ちょうど、任務の半ばが終わったといったことになります。

一〇月二五日から三日間にわたって、フィラデルフィア平和記念祭が、対スペイン戦戦勝記念祭と併せて、盛大に開催されました。そのレセプションには、小村壽太郎駐米公使などと共に、「笠置」の海軍士官も来賓として、招かれていました。

第二五代アメリカ大統領ウイリアム・マッキンリーの祝勝演説で始まった戦勝会で、日本海軍総代として慶三郎に挨拶の順番がきました。

一〇〇〇人を超える来賓客の前で、慶三郎は、日頃思っていることを、率直に話しました。

「皆さん方の勝利と、ご健勝を、まずは心からお祝い申し上げます。私は常日頃からアメリカ合衆国の偉大なる成功を拝見し、多くの教訓を受けております。貴国と私どもも日本国との交流は、未だ四〇有余年しか経過しておりませんが、日に年にその親睦の度は増し、あたかも乳児と慈母の如き情感を覚えざるを得ません。この度は「笠置」ならびに「千歳」の両艦を貴国の造船所において建造して頂きましたが、この二艦は両国親善の絆として、永く太平洋に連鎖し、東洋の平和と安定に寄与していくものと確信しております…」

語りながら、その四〇有余年前に「両国親善の絆」のいしずえを築くために、命をかけた父の姿が、脳裏をかすめていました。

翌日の新聞各紙が、日本海軍総代の中濱主計長の談話とその父「ジョン・マン」について、詳細に報じられました。特に「太平洋に連鎖して」の言葉が、各紙の見出しに大きく扱われているのが、印象的でした。

「笠置」は一〇月二四日に竣工し、二八日に艦上において、地元の有力者、米国海軍要人、建造に携わった関係者ご夫妻を招いて、竣工祝賀パーティーを開催することになりました。慶三郎はマーセラス・ホイットフィールド氏への、招待状に一筆を添えて、郵送しました。

「ぜひお会いしたい」と。

当日のパーティーは、先日の新聞記事の影響もあったのか、大変な盛り上がりでした。慶三郎の親友、秋山真之もマハン大佐と共に列席してくれました。秋山は当時、海軍戦略においては著名な、アメリカのマハン海軍大佐のもとで、研修中でした。対メキシコ戦争では「旗艦リンカーン号」への乗艦を許され、つぶさに観戦ができ、大いに参考になったと話していました。

しかし、招待客の中に、ホイットフィールド・マーセラス氏の姿は最後まで見られず、慶三郎には、心残りなパーティーとなっていたのでした。

数日後、慶三郎は一通の手紙を受け取りました。差出人はマーセラス・P・ホイットフィールドと記されています。その日付はパーティー開催の二日後になっていました。この数カ月、待ちわびた便りです。急ぎ読みました。

「親愛なる中濱慶三郎殿

まず、パーティーへの貴殿からの親切なご招待を心より感謝いたします。残念ながらそれに出席できませんでしたのには、皮肉な事情がございます。日本軍艦「笠置」への招待状が届きましたが、私を含め家族の誰にも日本海軍に知人はおらず、どうしてこのようなものが自分宛に届いたのか、分かりませんでした。

やがて貴殿からの、万次郎さんの手紙を同封した郵便を受け取り、それを読んで、あの招待の意味がやっと分かりました。しかし、それを受け取ったのは、パーティーの翌日だったのです。

貴殿からの手紙を受け取り、非常に驚くと同時に、大変嬉しく思いました。私の母は、父上が役人としてヨーロッパに赴く途中に立ち寄ってくださって以来、音信がなかったもので、万次郎さんは、もう亡くなられたのではないかと心配しておりました。その母も、父同様にもうこの世にはおりません。父も母も生前はいつも、お父上のことを、大変な誇りを持って誰にでも語っておりました。

三〇年前お父上が訪ねてくださった頃には、わが家は父も母も妹二人も揃って健在でしたが、その後、私を除いてみんな亡くなりました。もしも貴殿のご家族がアメリカに来られることがあれば、いつでも喜んで歓迎いたします。

お父上のことをよく知っているこの町の人々と話すことは、とても意義のあることだと思います。

町の者は今も、いつもジョン・マンのことを話しています。とても勤勉でクラスでもずば抜けた成績であったことを憶えています。

貴殿のご家族の写真をいただければ大変うれしく思います。

この手紙と一緒にお送りすべき私ども家族の写真が今はございませんが、次にお父上からの手紙を頂けるまでには、用意しておきたいと思っております。

この手紙が契機となり、再び両家の友好が深まることを確信してやみません。

貴殿が出航なさる前に、この手紙が届くことを信じています。

マーセラス・P・ホイットフィールド」

この手紙を読み終えた慶三郎は、急ぎ米海軍のヘイグ提督に相談してみました。提督は、さっそく軍関係者に連絡をとってくれました。米海軍では車を手配するなど、献身的な協力をしてくれました。そして、マーセラス氏と慶三郎は初めて対面することができました。万次郎の子とホイットフィールド船長の子息が対面できたのです。

子孫同士の交流の歴史は、この瞬間が原点となったのでした。ホイットフィールド家は長男のマーセラスさんだけになっていたのです。父、万次郎の子、子孫、孫までの想いは、一本の紅い糸できっちりと結ばれました。

この対談の模様は、後日、地元紙「イブニング　スタンダード」が、「ヒストリー・オブ・ナカハマ」と題して、大きく特集記事で報じましたが、慶三郎は、既に現地を離れイギリスに向かった後の発刊でした。

内容は、船長と万次郎の運命的な出会いから、万次郎がお礼に訪れた事実を詳しく伝えています。また、ホイットフィールド船長の死後、しばらくは両家の交流が途絶えていたことも…。

そして、この度、父、万次郎は三男の「笠置」主計長に命じて、恩人の子孫を捜し、丁重な供応をさせたと。日本人は、まことに義に厚き国民であると賞賛しています。
この記事は、時事通信社によって、日本へと配信されました。この記事は「中濱物語」と標題されており、アメリカ人の日本人への好感が一気に倍増したと、配信電は伝えています。万次郎の長男東一郎宅に、地元紙と共に届いたのは、翌年の二月になりました。

さて、慶三郎ですが、大至急でペンを握りました。
「父上、お待たせしましたが、マーセラス氏とお会いできました」そして、会えるまでの顚末を書き、それにマーセラス氏の手紙を同封し、おそらく首を長くして便りを待っているであろう、父宛へ発送をすませたのでした。

一一月三日、三カ月におよんだフィラデルフィアでの作業を全て終えた慶三郎たち回航委員は「笠置」に乗り、ニューヨーク港での壮行会に向かいました。到着後まずは、イギリスまでの石炭などの物資の搭載を行いました。

明治三一年（一八九八年）一一月五日、ニューヨークの空は抜けるような青空が、広がっていました。壮行会では、花束が贈呈され、日本の海軍士官たちは、アメリカのご婦人たちから、お別れの握手攻めに会っていました。

ここにも、秋山真之が見送りに姿を見せてくれました。秋山からは、イギリスでの調査の依頼がありました。

準備はすべて完了し、いよいよイングランドのプリマス港へ向かい抜錨しました。日本海軍としては、初めての大西洋横断の栄誉を担うことになるのです。港からは、いっせいに祝砲が放たれています。答礼ができないのが、ただ一つ無念の思いです。「笠置」に乗る一〇五名の士気は、いちだんと高揚していたのです。

父は「咸臨丸」で日本海軍、初の太平洋横断を果たしました。

その息子が、これから「笠置」で日本海軍初の大西洋横断を果すことになるのです。親から子へ、これも伝承される歴史の一ページに加えられることでしょう。

慶三郎は名誉なことではありますが、「笠置」にとっては緊張感のほうが大きい航海となるのです。

「旭日旗」を掲げ、ニューヨーク港を勇躍と抜錨しましたが、プリマス港までは軍艦とはいえ、武装されておらず護衛艦は一隻も就いていません。細心の注意を払わなくてはならない航海となるのです。

大西洋上の全ての国々が、日本の友好国とは限らないのです。公海上で、何が起きても不思議ではない緊迫した国際情勢でもあったからです。

全てが完成すれば、「笠置」は、総重量四八六二トン、二二・五ノット、八インチ砲二門、四・七インチ速射砲一〇門、小口径砲一七門、水雷発射管六を搭載する、世界でも最新鋭の巡洋艦となるのです。

慎重な航海を続けましたが、大西洋に出た翌六日の昼過ぎから、天候が激変しました。暴風雨となり、雷鳴が轟き、稲妻が黒雲を切り裂きます。高浪が容赦なく甲板を洗い流し、艦は二五〜三三度のピッチング・ローリングの繰り返しです。一二昼夜も続きました。「咸臨丸」での、父親たち先人の苦闘を、身に沁みて思い知らされた気がしました。

アメリカのニューヨークを出港して一〇日が経過し、あと五日でイギリスのプリマス港へ着けると計算した一一月一三日、緊急電信が入りました。

「チチ、シス」

万次郎が身を寄せていた、長男東一郎からの訃報でした。乗組員がデッキに集合し、慶三郎に心からの弔意を示してくれました。慶三郎は毅然として、これを受けました。そして、甲板に一人になると、いろいろな思いが交差してきます。

「慶三郎、アメリカのみやげ話を、楽しみにしているぞ」と言った声が、昨日聞いたように、耳に響くのです。手紙は間に合ったのだろうか。会って直接伝えようと書かなかったマーセラス氏の言葉「日本へ行って、父上にお会いしたい」との言葉など。

父はかつて、「咸臨丸」での帰途、ハワイからの手紙に「船長、息子さんを、日本へお寄こしください」と書いたと聞いています。

ですから、彼の希望を聞けば、どんなに喜ぶだろうと、これは直接、自分の口から、父に伝えようと思って、手紙には書かずにとっておいたものでした。

「父上、アメリカでは父上のことを、みなさんが、好意的に語り継がれていましたよ」

海に向かって静かに語りかけていた慶三郎でしたが、船室から、真紅のバラの花を持ってくると、大西洋に向かって大きく投じました。ただ一念、あの電報が誤報であってほしい。父上、これは「鎮魂」でありません。私が帰国するまでに、父上が「復活」なさるためのお祈りなのです。

バラの棘で傷ついた指先から、流れ出る赤い血は、父上から引き継いだ、全てが込められた父の意志がこもった血液なのです。

慶三郎はたまらず、海に向かって、叫んでいました。

「父上ーッ」

とめどなく流れる涙を拭おうともせずに……。


長男東一郎の京橋弓町の家で、万次郎が亡くなったのは、慶三郎が電報を受け取った前日のことでした。

明治三一年（一八九八）一一月一二日です。「脳溢血による」と死亡診断書に書かれています。享年七一歳でした。


その朝、いつもと何らかわりなく起床し、朝食後は日課としている朝刊各紙に目を通した後、孫娘の糸子としばらく遊んでいました。その後、二階の自分の部屋に入り、しばらくしてから、急に吐き気がすると言って、普通に歩いて便所へと行きました。その後も「別に変わりはない」といって、二階へ上がり、ブランディーを一口飲んで床に入ったようです。

急変したのは昼過ぎだったと、記録されています。家人からの通報を受けた東一郎が、とんで帰った時には、すでに意識がなく、呼吸も止まっていたそうです。

医者の「ご絶脈です」の言葉を聞きながらも、医師である東一郎は、懸命に人工呼吸を続け、カンフル注射を重ねていました。

しかし、蘇生することなく、午後一時四〇分、万次郎は永眠し、波乱万丈の生涯を閉じたのでした。


東一郎の日記には、亡くなる前日の万次郎の、不可解な行動が記されています。

その日、父は慶三郎の写真を持って、深川の自宅へ出かけたとあります。

おそらくは、アメリカに出張している慶三郎の、海軍の任務と、自分が頼んだホイットフィールド家の長男マーセラス氏に会って、自分の意志が伝えられることを、深川の富岡八幡宮へ祈願にいったのではないでしょうか。

七・五・三の全て、合計一五全てを「お願い」に変えてしまって、祈ったに違いないように思われるのです。

なぜなら、その頃は郵便が配達される時間になると、必ず郵便受けを確かめる万次郎の姿を、家人が頻繁に目撃するようになっていたからです。

スケジュールを知っていた父は、慶三郎がアメリカを離れる日時を覚えていたのでしょう。一日千秋の思いで待ち続けていた「便り」への願いは、無情にも叶わなかったのです。

葬儀は一一月一六日に仏式で営まれました。葬儀場の谷中の天王寺には、参列者が二五〇人、その他、自宅に九〇余名が弔問に訪れたと、盛大な供養が執り行われた様子が、報じられています。

葬儀と初七日の日数が近いために、初七日の法事はふた七日目の一一月二五日に行うことに決まりました。その前日、準備に親戚一同が集まっているところへ、一通の封書が届けられたのです。

父、万次郎宛に書いた慶三郎の手紙にあわせたマーセラス氏の手紙でした。そこにいたもの全員が順次に手渡して、読みました。亡父、万次郎が待ちわびていた手紙なのです。

「あと、二週間早ければ……」

親戚一同の目には、涙が溢れ、とまりませんでした。

「英良院日義居士」の戒名に、自らを「ジョン万次郎」と名乗った男の数奇な人生が凝縮されているように思います。

その墓石には、オリオン座を表す丸に三星が、深く彫られて、万次郎は現在、雑司が谷霊園に静かに眠っています。

第9章　新しい時代へ

「日米交流の架け橋」として

昭和三年（一九二八年）、万次郎に「正五位」が贈られました。これを記念して、翌年には生誕地の土佐清水市中浜に記念碑が建立され、現在も地元の人々によって、大切にされ管理されてきています。

没後七〇年を記念して、昭和四三年（一九六八年）に、足摺岬に銅像が建立され、四国を訪れる多くの観光客の方々に、親しまれています。

アメリカでの評価について、多少、記したいと思います。

第三〇代アメリカ大統領のカルビン・クーリッジは万次郎を次のように評価してくれました。

「アメリカが日本へと送り込んだ初代駐日大使に等しい」

第三二代大統領のフランクリン・ルーズベルトは、万次郎の長男東一郎宛の手紙に、親しみを込めて記しています。

「(前略) 私は、ホイットフィールド船長がお父上をフェアヘーブンにお連れした捕鯨船の所有者の一人、ワレン・デラノの孫です。私の祖父の家の道路向かいのトリップ氏の家に、お父上は住んでいたと聞いております。フェアヘーブンの学校に通って、時々デラノ家の家族と一緒に教会へ行った日本の少年について、私が少年のころ祖父が、話してくれたのをよく憶えています。私もフェアヘーブンへよく行きました。私の母方の家族は今も昔からの家に住んでおります。中濱という名前は、私の家族にいつまでも記憶されることでしょう。あなたか、あるいはご家族のどなたか合衆国においでくださいますれば、是非お目にかかりたいと願っております。　敬具」

昭和五一年（一九七六年）、アメリカ合衆国は建国二〇〇年を迎え、各種行事が、華やかに催されていました。そうした記念行事のひとつとして、首都ワシントンにあるスミソニアン博物館では「海外からの米国訪問者展」が開催されました。アメリカの独立後に同国を訪れ、後に自国に戻り、アメリカを伝えた「外国人」全二九名と一団体を選び、展覧会で紹介をしたものです。

「新世界」を作曲したチェコのドボルザークやイギリスのディケンズ、イタリアのプッチーニなどと並んで、日本からは万次郎がただ一人選ばれたのです。

もちろん、これは大変に名誉なことに違いありません。しかし、そのように高く評価される人間に万次郎が育つことができたのは、全て恩人であるホイットフィールド船長の存在と、アメリカ市民の善意があったからこそと、思うのです。

明朗、活発で新しい仕事に取り組む積極性、進取の精神をいち早く見抜き、その才能を、慈愛を込めて磨き上げてくださったホイットフィールド船長のお力に負うところが最も大きいことは言うまでもありません。

捕鯨船を下りたホイットフィールド船長は、晩年は地元マサチューセッツ州選出の代議士として、立法府で活躍されました。自らを律し、議員特権として送られてくる鉄道会社の無料パスを、まったく使わずに返却し、生涯、潔癖さを貫き通したそうです。

陸に上がっても、その気骨と信念は、寸分も変わることはなかったのです。万次郎が終生貫いた信念「己の志を信じて」の尊い見本となる方だったのです。

その船長の墓は、フェアヘーブンのリバーサイド墓地にあります。死別した最初の妻ルースと二番目の妻アルバティーナのお墓に、仲良く挟まれています。その隣に長男マーセラスのお墓、そして右端には、船長がただの一度も抱いてあげられなかった、万次郎が、そのお墓の前で泣いてあやまったウィリアム坊やが、小さく眠っています。

誰も彼もが天国へと旅立ちました。

しかし、万次郎とホイットフィールド船長のご縁は、一代限りでは終わりませんでした。父、万次郎に託された手紙をきっかけに、三男慶三郎と長男マーセラス氏が対面したことにより、中濱家とホイットフィールド家の交流は、長男の東一郎から次の世代へと順次、引き継がれていっております。

万次郎が手紙に「託した夢」とは、もちろん両家の絆もありますが、ハワイからの手紙に書いたように「やがて世の中が変われば、いつでもお会いできると信じ」国と国の相互理解と信頼によって、慶三郎が現地でのスピーチで述べたように「太平洋に連鎖していく民間レベルの交流」にこそ、真の願いがあったように思われるのです。

昭和六二年（一九八七年）一〇月四日、今上陛下・皇后が皇太子御夫妻当時「日米友好発祥の地」として、フェアヘーブンをご訪問されています。

一五〇〇人を超える人々が集まりました。なかには、中濱家・ホイットフィールド家四代目の顔も見られました。皇太子殿下は、英語で次のようにスピーチをされています。

「フェアヘーブンの方々が、日本人と米国人との最初の友情を大切にし、これを後世の日米両国民に伝えるという歴史的な使命を果たしてきておられることに深い敬意と感謝の意を表します」（朝日新聞）

短いですが、重いお言葉です。

太平洋を挟んだ民間レベルの日米交流の輪は着実に広がりを見せています。

万次郎の郷里、高知県土佐清水市とニューベッドフォード・フェアヘーブンは姉妹都市となり、相互で訪問しあい交流を深めています。全国各地、沖縄から北海道までの「ジョン万の会」は、ホームスティによる学生の相互交流に力を注いでいます。不幸な戦争時の沖縄では、決戦を目前に憲兵による万次郎の落し子探しが行われたそうです。

万次郎がお世話になった方々は、万次郎関係の貴重な資料を「泣く泣く消却処分にした」と聞いております。

帰国時の万次郎に親切に接してくださった皆さんに、私は感謝の気持ちを忘れたことは、一度としてありません。

「国際草の根交流センター」のみなさんの、しっかりと地に根をはった地道な取り組みには、敬意を表します。

そして、一八四三年五月七日、万次郎はこの日にフェアヘーブンの船長宅の床についた記念日です。その日から数えて一六六年目にあたる平成二一年（二〇〇九）五月七日に、船長宅は新たな船出をしたのです。

「ホイットフィールド・万次郎記念館」として。

この間、聖路加国際病院の日野原重明理事長をはじめとした準備委員会各位のご努力には、率直に感謝を申し上げたいと存じます。

聞くところでは、これまで万次郎関係の常設展示がなされていたミリセント図書館をはじめとして、ニューベッドフォード捕鯨博物館、姉妹都市委員会、ジョン万の会、草の根交流センターの皆さん方と、その運営について十分な協議がなされるということでした。

異文化交流の拠点としての、発展を心より祈念いたしております。

これこそ、万次郎が夢見た、相互理解・相互信頼への「日米友好の架け橋」だと信じて疑いません。

ホイットフィールド船長と万次郎、二人が手を携えて「日米友好の架け橋」を満面の笑顔で渡る姿が、目に浮かぶようです。

世界の岸辺へ

輝く太陽よ　燃ゆる情熱を
私たち一人ひとりの　心のうちに点火せよ
私たちは　その小さな口火を
五体に移し　激しく燃え上がろう
一つひとつの炎を　数万の炎として
あなたのような　強大なるエネルギーを
生みだすために

母なる海よ　豊かなる愛情を
私たち一人ひとりの　心のうちに打ち寄せよ
私たちは　その小さな波紋を
五体に移し　真実の愛の姿を知ろう
一つひとつの　さざ波を　数万の波濤として

あなたのように　世界の岸辺へ
送り届けるために

私たちは誓う　弱者への豊かな愛に満ち
民主、平等、平和な世界を
守り　育てることを

そして伝えよう
熱き血潮を！
私たちから　君たちへ
君たちから　子供たちへ
君たちから　子供たちへ……

たとえ行く道程《みち》に　暗雲が覆う日が続こうとも
雲の上には輝く太陽があり　満天の星空がある

雲の下には　世界を結ぶ大海原が広がっている
Never Give up　Never Give up
決して　決して　あきらめないことだ
夢は捨てまい　希望を持とう　花咲くまでは
志を信じよう　君が咲くまでは……

強く逞しく生きていこう！
強く逞しく生きていこう！

完

発刊にあたって

私は「ジョン万次郎」の曾孫ということで、各地の「講演会」などに呼ばれる機会がしばしばあります。講演会後の懇談会などで「万次郎さんが異文化に遭遇した少年時代に焦点を当てて、書いてみてください」との声を数多くいただくようになりました。

差別やイジメや格差が中・高校生の年代から激しくなっている世相が、その背景にはあるようです。

いまの子供さんたちは自信を失い、簡単に諦めてしまう風潮もこうした社会的な側面が強いように思われます。自分の存在意義を簡単に諦めてしまう、ネバリが欠如しているとも聞きます。

本当は寂しいのに、友達もつくらず孤独のカラに引きこもり「ゲーム機と遊ぶ」若者が増えてきているのです。

祖父母・父母たちと子供さんとの「会話」が激減しているとも……。

現代は「先が読めない」逼塞感がありますが、私の曾祖父、万次郎の「何事にも諦めない生き方」や「異文化へも積極的に参加していく姿勢」、そして、多くの友情に支えられた生涯には、参考になる事例が数多いようにも思えます。

「ジョン万次郎」を話題として、友達や兄弟・家族で話し合いの機会を持ってほしいと思っています。

そして、みなさん方のお宅にある「わが家の祖先の生きた証」を聞くか、調べてみてほしいとも思っています。

そうした祖先がおられたからこそ、現在のみなさん方が生存しているのであって、そのような「文化の伝承」こそが、現代の若者に一番大切なことだと思うからです。

「箱根駅伝のランナー」のように、必死に駆けぬき、次世代にタスキを繋いでほしいと、心から願っております。


参考にさせていただいた多くの著書につきましては、巻末に記すことで御礼にかえさせていただきます。

中濱武彦

参考文献

『中浜万次郎集成』　川澄哲夫編著　小学館　1990年版
『雄飛の海』　永国淳哉著　高知新聞社　1991年版
『幕末漂流　ジョン万次郎』　永国淳哉著　高知新聞社　1991年版
『小野友五郎の生涯』　藤井哲博著　中公新書　1985年版
『黒船前夜の出会い』　平尾信子著　NHKブックス　1994年版
『ペリーは、なぜ日本に来たか』　曽村保信著　新潮選書　1987年版
『ペリー提督日本遠征日記』　マシュー・C・ペリー
木原悦子訳　小学館　1996年版
『妻たちのホワイトハウス』　ムルハーン千栄子　集英社　1999年版
『祖父　奥宮　衛』　大久保朝子編　飛鳥出版　2005年版
『新・ジョン万次郎伝』　エミリイ・V・ワリナー著
田中　至訳　出版協同　1967年版
『日本史探訪18　海を渡った日本人』　角川書店編　1985年版
『炎は流れる』　大宅壮一　文藝春秋社　1964年版

『井伏鱒二聞き書き』　萩原得司著　潮出版社　1985年版
『アメリカ素描』　司馬遼太郎著　読売新聞社　1986年版
『ジョン万次郎の一生』　成田和雄著　中日新聞本社　1976年版
『中濱萬次郎傳』　中濱東一郎著　冨山房　1936年版
『中浜万次郎の生涯』　中浜　明　著　冨山房　1982年版
『中浜東一郎日記』　中浜　明　編　冨山房　1992年版
『中濱　万次郎』　中濱　博　冨山房インターナショナル　2005年版
『私のジョン万次郎』　中浜　博著　小学館　1991年版
『ファースト・ジャパニーズ　ジョン万次郎』　中濱　武彦　講談社　2007年版

本文及び表紙図版／高知新聞社
博物館明治村

本書は平成一四年三月に弊社で出版した書籍を改題改訂したものです。

ネバー・ギブアップ
ジョン万次郎

著　者　中濱武彦
発行者　真船美保子
発行所　KK ロングセラーズ
東京都新宿区高田馬場 2-1-2　〒 169-0075
電話（03）3204-5161（代）　振替 00120-7-145737
http://www.kklong.co.jp
印　刷　中央精版印刷（株）　製　本　（株）難波製本

落丁・乱丁はお取り替えいたします。
※定価と発行日はカバーに表示してあります。
ISBN978-4-8454-5062-6　C0221　Printed In Japan 2018